Victor Simoni Marques

Délits d'initiés

Victor Simoni Marques

Délits d'initiés

Règles préventives et lutte contre les délits d'initiés sur les marchés des capitaux

ScienciaScripts

Imprint

Any brand names and product names mentioned in this book are subject to trademark, brand or patent protection and are trademarks or registered trademarks of their respective holders. The use of brand names, product names, common names, trade names, product descriptions etc. even without a particular marking in this work is in no way to be construed to mean that such names may be regarded as unrestricted in respect of trademark and brand protection legislation and could thus be used by anyone.

Cover image: www.ingimage.com

This book is a translation from the original published under ISBN 978-620-2-17341-4.

Publisher:
Sciencia Scripts
is a trademark of
Dodo Books Indian Ocean Ltd. and OmniScriptum S.R.L publishing group

120 High Road, East Finchley, London, N2 9ED, United Kingdom
Str. Armeneasca 28/1, office 1, Chisinau MD-2012, Republic of Moldova, Europe
Printed at: see last page
ISBN: 978-620-7-23887-3

Index :

UNIVERSITÉ CATHOLIQUE PONTIFICALE DE PARANÁ

FACULTÉ DE DROIT - CAMPUS DE LONDRINA

COURS DE DROIT

VICTOR SIMONI MARQUES

DÉLIT D'INITIÉ

VICTOR SIMONI MARQUES

DÉLIT D'INITIÉ

Conclusion du cours Document présenté au cours de licence en droit de l'Université catholique pontificale de Paraná, en tant que condition partielle pour l'obtention du titre de licence en droit.

Superviseur : Prof Dr Junio Mangonaro

VICTOR SIMONI MARQUES

DÉLIT D'INITIÉ

Conclusion du cours Document présenté au cours de licence en droit de l'Université catholique pontificale de Paraná, en tant que condition partielle pour l'obtention du titre de licence en droit.

LONDRES
2014

COMITÉ D'EXAMEN

Prof Dr Junio Mangonaro
PUCPR

Professeur Institution

Professeur Institution

Londrina, ＿＿＿ 2014＿＿＿＿＿.

Je dédie ce travail à ma famille, à mes amis et à mes professeurs pour le soutien qu'ils m'ont apporté tout au long de ces années, en particulier à mes parents Vicente et Simone, à ma sœur Marina, à mon fils Arthur et à mon grand ami et compagnon Fahed Daher Neto, *in memoriam*.

REMERCIEMENTS

Tout d'abord, je remercie Dieu d'avoir toujours été présent dans ma vie, de m'avoir donné la force, la santé, la paix et de m'avoir permis de réaliser tous mes rêves. Sans lui, rien de tout cela ne serait possible.

Je tiens à remercier tous les enseignants qui ont contribué à mon développement académique, personnel et professionnel. Je tiens en particulier à remercier le professeur Junio Mangonaro pour les conseils qu'il m'a prodigués dans la préparation de cette monographie.

À mes camarades de classe qui ont fait de ce long voyage un moment spécial de ma vie, avec beaucoup de bons moments et quelques moins bons, mais qui ont certainement apporté beaucoup de croissance personnelle et de grandes amitiés.

À mes amis, qui ont toujours été à mes côtés tout au long de ce voyage, pour ne pas m'avoir laissé tomber, pour m'avoir aidé et soutenu à surmonter les moments difficiles et les obstacles de la vie.

À ma famille, mes parents Vicente et Simone, ma sœur Marina et mon fils Arthur, pour avoir été la raison de tous mes efforts, pour avoir surmonté chaque jour, en un mot, pour avoir été la raison de ma vie.

"La justice sans la force est impuissante, la force sans la justice est tyrannique."

Blaise Pascal

RÉSUMÉ

Ce travail traite spécifiquement de l'utilisation d'informations d'*initiés* sur le marché des capitaux, comportement effectué par des *initiés, qui* détiennent des pouvoirs et des informations confidentielles en raison de leur position au sein de sociétés cotées en bourse. Dans l'environnement économique et commercial actuel, les sociétés anonymes se sont imposées comme la forme de société la mieux adaptée aux grandes entreprises. Par conséquent, il est de plus en plus nécessaire de garantir une plus grande sécurité à ceux qui les choisissent comme option d'investissement. À cette fin, il présente les fondements des sociétés commerciales, en mettant l'accent sur les sociétés anonymes, y compris les organes de gestion, les normes de conduite et les obligations des administrateurs, afin de prévenir cette pratique. Enfin, il élucide le comportement des *initiés* et la pratique du *délit d'initié*, en démontrant sa nocivité pour le marché des capitaux, ainsi que la nécessité de la prévenir et de la réprimer, par le biais de la responsabilité civile, administrative et pénale.

Mots clés : Société anonyme. Initié. Délit d'initié. Responsabilité.

Chapitre 1

1 INTRODUCTION

En termes doctrinaux, les *initiés* sont toutes les personnes qui, en relation avec une entreprise donnée, en vertu de la position qu'elles occupent, détiennent des informations privilégiées et non divulguées concernant les activités de l'entreprise.

En revanche, le *délit d'initié consiste à profiter de* ces informations pour négocier, par soi-même ou par des tiers, des titres avant qu'ils ne soient rendus publics.

Ainsi, le *délit d'initié* est extrêmement préjudiciable au marché des capitaux, car il favorise une minorité au détriment des autres investisseurs, détruisant la confiance et l'équité des relations commerciales.

C'est pourquoi des mécanismes ont été créés pour contrôler et combattre les *délits d'*initiés afin de réduire et de limiter le comportement des initiés tout en maintenant l'équilibre du marché et la symétrie de l'information.

L'objectif général de ce travail est donc d'étudier les *délits d'initiés, ainsi que* les effets de cette pratique sur les relations au sein du marché des capitaux, d'étudier les moyens de réprimer ce comportement et de dresser la liste des normes de comportement à observer lorsque des informations d'initiés sont obtenues.

À cette fin, cet ouvrage présente les concepts de base des sociétés commerciales, en se concentrant sur les sociétés anonymes et le marché sur lequel elles opèrent, le marché des capitaux.

Il aborde ensuite les organes de gestion de ces sociétés, plus précisément le conseil d'administration et le directoire, leurs fonctions et leurs membres. Il précise également les normes de comportement inhérentes aux administrateurs et leurs devoirs de diligence, de loyauté, de secret et d'information.

Enfin, il élucide le concept et le comportement des *initiés, la* pratique du *délit d'initié, en* démontrant à quel point elle est préjudiciable, ainsi que la nécessité d'établir des règles préventives et de la combattre, par le biais de la responsabilité civile, pénale et administrative des personnes impliquées dans l'utilisation d'informations privilégiées et confidentielles pour s'enrichir elles-mêmes ou enrichir des tiers sur le marché des capitaux.

Chapitre 2

2 ENTREPRISE COMMERCIALE

2.1 CONCEPT

Le terme "société" doit être conceptualisé comme la réunion de personnes qui, pour une raison déterminante, que ce soit la coexistence, l'affinité ou le but d'atteindre ou de réaliser un objectif spécifique, forment un collectif dans la poursuite de celui-ci (GONQALVES NETO, 2010).

Au Brésil, il existe deux types de société : la société simple et la société entrepreneuriale. La société simple, organisée par au moins deux personnes, exerce des activités économiques sans entreprise, c'est-à-dire qu'elle exerce une profession intellectuelle, littéraire, artistique ou scientifique, par exemple, un cabinet dédié à la prestation de services dentaires ou juridiques, entre autres, où le service fourni est strictement personnel, et sa discipline juridique s'applique subsidiairement à celle des sociétés commerciales contractuelles.

Une société entrepreneuriale, en revanche, est la mise en commun des efforts de deux ou plusieurs agents qui ont l'intention de développer professionnellement une activité économique organisée pour la production ou la circulation de biens ou de services, constituant un élément d'une entreprise, intéressée par les bénéfices qu'elle promet de fournir.

En d'autres termes, une entreprise est un entrepreneur lorsque deux personnes ou plus, ou plutôt des entrepreneurs, ont l'intention de développer et d'exploiter une activité économique.

Le concept de société entrepreneuriale peut être divisé en deux moments distincts, de facto et de jure. Le moment de facto est celui de la rédaction des statuts, l'instrument contractuel qui crée la "nouvelle société", et le deuxième moment, celui de l'inscription du contrat au Registre public des sociétés commerciales, qui "donne naissance" à la personnalité juridique de la société.

2.2 MODALITÉS

Il existe cinq types de sociétés au Brésil : la société à nom collectif (N/C), la société en commandite simple (C/S), la société en commandite par actions (C/A), la société à responsabilité limitée (Ltda.) et la société anonyme (S/A), qui seront privilégiées par rapport aux autres en raison de l'objectif de ce travail.

2.3 LIMITÉE

Il s'agit d'un type de société très important et fructueux en raison de sa forte présence dans l'économie brésilienne et de ses deux principales caractéristiques : la limitation de la responsabilité des associés et sa nature contractuelle. Son importance est telle qu'elle est réglementée par les articles 1 052 à 1 087 du code civil brésilien de 2002 (BRASIL, 2002), qui lui consacre un chapitre à part entière. Toutefois, d'autres dispositions s'appliquent également aux sociétés à responsabilité limitée.

La première caractéristique majeure de ce type de société est que la responsabilité des associés est limitée à la valeur de leur part respective, mais qu'ils sont solidairement responsables de la libération totale du capital social, c'est-à-dire que si un ou plusieurs associés ne libèrent pas leurs parts, les autres peuvent être poursuivis conjointement et solidairement pour ce montant impayé.

Une fois que tout le capital social a été libéré, il n'est plus possible de faire appel au patrimoine personnel des associés pour honorer les engagements envers les créanciers de la société anonyme, sauf à faire abstraction de la personnalité juridique.

Comme le dit Gladston Mamede (2012, p. 98),

> [...] ce mécanisme est une incitation légale à investir dans l'activité économique : ceux qui acceptent de participer à l'entreprise savent qu'en agissant légalement, leur patrimoine personnel sera protégé ; ainsi, si l'entreprise ne marche pas, ils ne perdront que ce qu'ils ont investi (la valeur de leurs actions), pas plus.

La deuxième caractéristique est la contractualité, qui consiste à laisser une plus grande liberté aux volontés des associés, sans plus de rigueur ou de lignes directrices propres. Comme l'explique Coelho (2008, p. 153), "la société à responsabilité limitée étant contractuelle et non institutionnelle, la marge de négociation entre les associés est plus grande".

La société à responsabilité limitée et ses statuts, s'il s'agit d'une société entrepreneuriale, doivent être enregistrés auprès de la Chambre de commerce. Ces statuts, qui peuvent être rédigés dans un document privé ou sous la forme d'un acte public et qui répondent aux exigences des articles 46 et 997 du code civil, doivent inclure la raison sociale, qui peut être le nom ou la dénomination sociale, ainsi que le mot limitada, en entier ou en abrégé (ltda.).

2.4 SOCIÉTÉ À RESPONSABILITÉ LIMITÉE

2.4.1 Concept et caractéristiques

Les sociétés anonymes sont le type de société le plus répandu et certainement le plus approprié pour les grandes entreprises. Leurs deux principales caractéristiques, qui suscitent un grand intérêt de la part des investisseurs et constituent un important réservoir de capitaux, sont la libre négociabilité de l'actionnariat et la responsabilité limitée des actionnaires (COELHO, 2011).

Les grandes entreprises dépendent d'un capital important pour leurs activités, afin de se développer et de faire des bénéfices. C'est pourquoi il est nécessaire d'encourager les investisseurs à court d'argent qui cherchent une autre façon d'investir et de gagner leur argent.

Ainsi, les facteurs décisifs à prendre en compte par les investisseurs sont la liquidité et la sécurité offertes par l'alternative d'investir dans ces grandes entreprises, la négociabilité des actions et la responsabilité limitée, caractéristiques de la société anonyme, révèlent les mécanismes appropriés pour attirer ces capitaux (COELHO, 2011).

La société anonyme, également appelée " compagnie ", est une société de capitaux, son capital social est divisé en actions, un type de titre, ses détenteurs sont appelés associés, également appelés actionnaires, qui assument l'obligation de payer le prix d'émission lors de sa création, et leur responsabilité est limitée à ce montant, l'associé ne sera pas responsable (subsidiairement ou solidairement) des obligations de la société (MAMEDE, 2012).

Afin de clarifier la définition d'une société anonyme, il est essentiel d'élucider les notions de titres, d'actions, de capital social et de prix d'émission.

Une grande partie de la doctrine brésilienne comprend que les *titres* correspondent au mot américain *securities,* comme l'enseigne Requiáo (1998, p. 62) :

> [...tout billet, action, action de trésorerie, obligation, titre de créance, certificat de droit dans tout type de contrat d'intéressement, certificat de dépôt en garantie, part de fondateur, bulletin de souscription, action cessible, contrat d'investissement, certificat de transfert de droit de vote, certificat de dépôt de titres, copropriété de droits miniers et pétroliers, et, en général, tout instrument ou droit communément appelé *valeur mobilière,* ou tout titre de participation ou d'intérêt, permanent ou temporaire, récépissé, garantie, droit de souscription et option se rapportant aux valeurs mobilières susmentionnées.

Les valeurs mobilières sont *"au sens large" des* titres d'investissement que les entreprises émettent, dont le plus courant et le plus utilisé est le titre connu sous le nom d'action, afin de lever des fonds (BERTIN, 2010).

Pour les sociétés anonymes, les titres constituent une alternative d'investissement, la caractéristique importante d'une participation étant la valeur économique de chaque action plus la participation de l'investisseur dans la société.

Les actions, en termes simples, sont des fractions du capital social d'une société anonyme.

Selon Coelho (2008, p. 194), les obligations sont des titres représentant une unité du capital social d'une société anonyme, qui confèrent à leurs détenteurs un ensemble de droits et de devoirs.

Le capital social d'une société anonyme est divisé en actions, c'est-à-dire qu'il est représenté par l'ensemble des titres émis par la société. Il s'agit d'un apport payé par les actionnaires, qui achètent les actions émises par la société, afin que celle-ci puisse exercer son activité économique (COELHO,

2011).

Le prix d'émission et la valeur de l'action sont des notions très importantes pour le concept d'une société anonyme. La valeur de l'action est déterminée par des questions juridiques, comptables, économiques et de marché et peut varier en fonction des circonstances et des objectifs de l'évaluation. Le prix d'émission est l'une de ces valeurs qui, dans le cas présent, correspond au montant payé par l'actionnaire en faveur de la société pour sa participation.

Comme Coelho (2011, p. 88) l'a succinctement et brillamment conceptualisé :

> Une société anonyme est une société commerciale dont le capital social est divisé en titres représentant un investissement (les actions), et dont les actionnaires ont une responsabilité pour les obligations de la société limitée au prix d'émission des actions qu'ils détiennent.

Ainsi, après avoir élucidé les concepts généraux des sociétés anonymes, celles-ci sont divisées et classées en deux catégories : les sociétés privées et les sociétés publiques.

2.4.1 Classification

La classification des sociétés est expressément prévue à l'article 4 de la loi sur les sociétés : "Aux fins de la présente loi, une société est ouverte ou fermée selon que les titres qu'elle émet sont ou non admis à la négociation sur le marché des valeurs mobilières". (BRASIL, 2001).

Pour classer et conceptualiser les sociétés anonymes en tant que sociétés privées ou publiques, il suffit de savoir si la société détient ou non des actions sur le marché des valeurs mobilières ou le marché des capitaux (bourse ou marché de gré à gré).

La différence entre une société privée et une société publique est formelle : il suffit que la société publique entre en bourse, c'est-à-dire qu'en plaçant ses titres en bourse ou sur le marché hors cote, la société cesse d'être privée et devient publique.

Dans la doctrine, Mamede (2012, p. 113) conceptualise clairement :

> Ouvert : enregistré auprès de la Commission des valeurs mobilières (CVM) ; ses titres (obligations et autres) sont largement diffusés, peuvent être offerts au grand public et sont négociés en bourse. Fermée : sans autorisation de la Commission des valeurs mobilières, ses titres ont une circulation restreinte, ne peuvent être offerts au public, ne sont pas négociés par des courtiers ou en bourse.

Fait important pour nous, une société anonyme ne peut lever des fonds et entrer sur le marché des valeurs mobilières qu'avec l'autorisation préalable du gouvernement. Plus précisément, la Commission des valeurs mobilières et des changes (CVM), une autorité fédérale liée au ministère des finances.

La loi établit le contrôle du gouvernement sur les sociétés anonymes afin de donner au marché des valeurs mobilières plus de sécurité et de liquidité pour les investisseurs (COELHO, 2011).

Par ailleurs, promouvoir la vente de titres sans obtenir l'autorisation du gouvernement, en l'occurrence la CVM, est un délit passible d'une peine d'emprisonnement de 2 (deux) à 8 (huit) ans et d'une amende (loi 7.492, art. 7) (BRASIL, 1986).

D'autre part, Gongalves Neto (2010, p. 430) examine la classification des sociétés anonymes également en fonction de leurs actionnaires majoritaires, l'entreprise pouvant être mixte (contrôleur public et actionnaires privés, par exemple Banco do Brasil, Vale, etc :

> [...] en ce qui concerne l'actionnaire de contrôle, les sociétés peuvent être à capital mixte ou les sociétés privées sont des sociétés à capital mixte si elles sont créées par la loi et que leur actionnaire de contrôle est une entité publique ou une autre société à capital mixte ; les sociétés privées sont les autres.

Une fois le concept de société anonyme finalisé, il est temps d'approfondir le concept de marché des capitaux ou de marché des valeurs mobilières, afin de comprendre le marché sur lequel s'effectue la négociation des titres émis par les sociétés anonymes.

2.5 MARCHÉS DES CAPITAUX

Le marché des capitaux ou marché des valeurs mobilières est le lieu où s'effectue la négociation des valeurs mobilières (actions et autres titres de sociétés anonymes).

Dans la doctrine, Mamede (2012, p. 112) définit clairement le marché des titres :

> Les actions et autres titres de la société anonyme, [...], peuvent être négociés par voie d'offre publique, c'est-à-dire sur ce que l'on appelle le marché des valeurs mobilières, tant aux guichets des agents de change (appelé marché hors cote) qu'aux bourses, qui sont des marchés permanents organisés par les agents de change pour le commerce des valeurs mobilières, avec une autonomie administrative, financière et patrimoniale.

En outre, le marché des valeurs mobilières peut être subdivisé en marché primaire et marché secondaire. Le marché primaire est une opération commerciale visant à émettre sur le marché, dans le respect des formalités, de nouvelles actions d'une société qu'elle propose en premier lieu à ses actionnaires, qui disposent généralement d'un droit de préemption. L'actionnaire paie alors le prix de l'émission des actions à la société et devient évidemment le détenteur du titre en question. C'est ce que l'on appelle le marché primaire des capitaux.

Le marché secondaire serait l'opération ou la vente à un tiers par l'actionnaire qui a acquis ces titres sur le marché primaire. Cette opération, qui a pour objet la même action, mais dont la société émettrice ne fait pas partie, est appelée achat et vente, acquisition ou cession. C'est le marché qui se déroule en bourse et sur le marché de gré à gré.

En d'autres termes, selon Coelho (2011, p. 93), "le marché primaire des capitaux comprend les opérations de souscription d'obligations et d'autres titres, tandis que le marché secondaire comprend les opérations d'achat et de vente".

Il existe également la possibilité pour les investisseurs, les actionnaires, de vendre leurs actions, sans aucune forme d'intermédiation, de manière privée, dans ce cas en dehors du marché des capitaux.

Cependant, les bourses sont des entités qui centralisent la vente et l'achat d'actions, BOVESPA au Brésil, et disposent de systèmes de négociation électronique qui publient les prix, l'achat et la vente d'actions en temps réel.

Selon Eizirik (2008, p. 194), les bourses ont deux fonctions essentielles :

> La première consiste à fournir un lieu ou un système adapté à la réalisation de transactions sur titres, doté de tous les moyens nécessaires à l'exécution rapide et à la visibilité des opérations, et qui assure également la continuité de la négociation et la liquidité de ces titres ; la seconde consiste à préserver des normes éthiques élevées en matière de négociation, en établissant des règles de comportement pour ses membres et en veillant à leur respect.

En outre, ces bourses sont fortement réglementées et supervisées afin de garantir une plus grande liquidité et une meilleure sécurité aux investisseurs. Dans le cas du Brésil, c'est l'autorité fédérale CVM (Securities and Exchange Commission) qui s'en charge.

Eizirik (2008, p. 12) présente les caractéristiques essentielles pour maintenir un niveau élevé dans les opérations du marché secondaire (bourse et marché de gré à gré) :

a) un accès limité à la négociation aux seuls membres autorisés, généralement des sociétés de courtage membres de l'entité, procédure qui renforce la crédibilité du système et permet aux intermédiaires d'avoir une plus grande tranquillité d'esprit quant à la solvabilité de la contrepartie de la transaction (une autre institution financière autorisée) :

b) des règles de négociation uniformes - heures de négociation, unités échangées, procédures de règlement des transactions, entre autres - réduisant les coûts de transaction ;

c) des procédures de compensation, ce qui réduit le risque de défaillance ;

d) Les bourses de valeurs agissent généralement en tant qu'arbitres dans les conflits entre leurs membres ;

e) la mise en place d'une forme d'"'assurance" contre les pertes causées par les intermédiaires à leurs clients, à l'instar du Fonds de garantie maintenu par les bourses ;

f) exigences minimales pour l'admission des émetteurs et des valeurs mobilières à la négociation ;

g) fixer les modèles de contrats négociés dans le cadre d'opérations à terme, de contrats à terme standardisés et d'options ;

h) l'élaboration et le suivi de normes de conduite éthique pour à maintenir par les intermédiaires dans les opérations, dans l'exercice de leur pouvoir d'autorégulation ;

i) l'encouragement permanent des sociétés cotées à adopter et à maintenir des niveaux adéquats de gouvernement d'entreprise, contribuant ainsi à une gestion plus efficace et à une meilleure protection des droits des investisseurs.

À ce titre, les bourses et les marchés de gré à gré jouent un rôle dans la facilitation des transactions sur ce marché secondaire, car ils supervisent, organisent et maintiennent ces transactions à un niveau élevé, ce qui s'avère approprié et sûr pour les investisseurs.

Les organigrammes ci-dessous illustrent les marchés de capitaux primaires et secondaires :

Figure 1 - Marchés de capitaux primaires et secondaires

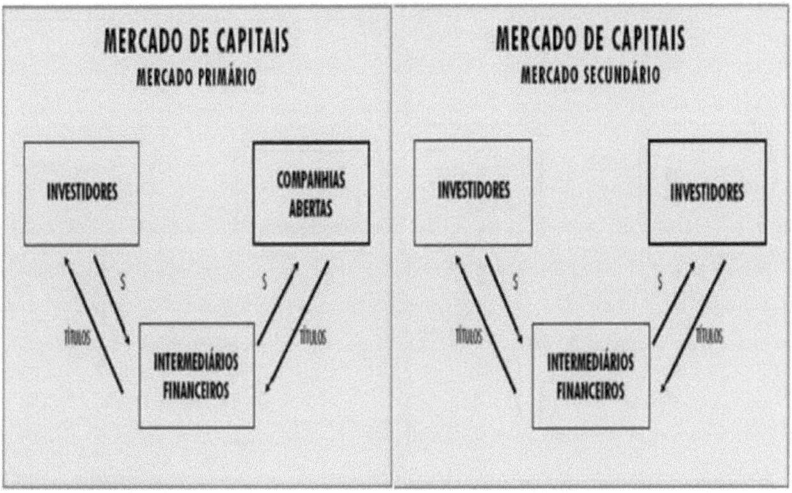

Source : Parente (1978).

Chapitre 3
3 GESTION DE L'ENTREPRISE

3.1 CONSEIL D'ADMINISTRATION

Le fonctionnement d'une société anonyme nécessite souvent une grande organisation. C'est pourquoi la loi impose aux sociétés cotées en bourse, aux sociétés à capital autorisé et aux sociétés à capital mixte d'avoir un conseil d'administration, comme le prévoient les articles 239 et 138, paragraphe 2, de la loi sur les sociétés anonymes (BRASIL, 1976b)[1] .

Le conseil d'administration est un organe délibérant, collégial et de contrôle, composé d'au moins trois membres, actionnaires ou non et personnes physiques (individus), élus par l'assemblée générale et révocables par elle à tout moment, avec un mandat n'excédant pas 3 ans, la réélection étant permise.

L'existence obligatoire d'un conseil d'administration dans les sociétés cotées en bourse est due au fait que les sociétés sont négociées sur le marché des valeurs mobilières. L'existence d'un conseil d'administration garantit les intérêts des tiers qui investissent dans les sociétés cotées en bourse. Dans ce sens, la loi garantit également l'élection d'un représentant des actionnaires minoritaires par le biais du vote multiple, aux termes de l'article 141, paragraphe 4, pour autant que cela soit prévu dans les statuts.

L'article 140 de la loi 6.404/76 ("LSA") définit clairement ce qu'est le conseil d'administration et sa composition :

> Art. 140. Le conseil d'administration est composé de 03 (trois) membres au moins, élus par l'assemblée générale et révocables par elle à tout moment, et les statuts établissent :
> I - le nombre d'administrateurs, ou le maximum et le minimum autorisés, et la procédure de choix et de remplacement du président du conseil d'administration par l'assemblée générale ou par le conseil d'administration lui-même ;
> II - les modalités de remplacement des administrateurs.
>
> III - la durée du mandat, qui ne peut excéder trois (3) ans, la réélection étant autorisée ;
> IV - les règles de convocation, de constitution et de fonctionnement du conseil d'administration, qui statue à la majorité des voix ; le règlement intérieur peut fixer un quorum qualifié pour certaines décisions, à condition d'en préciser les matières.

---

[1] Art. 239. Les sociétés d'économie mixte sont obligatoirement dotées d'un conseil d'administration, la minorité ayant le droit d'élire l'un des administrateurs, si elle ne peut en obtenir un plus grand nombre par le biais de la procédure de vote multiple.
Art. 138 : La gestion de la société incombe au conseil d'administration et au directoire, ou au directoire seul, conformément aux statuts.
§ Paragraphe 2 - Les sociétés cotées en bourse et celles dont le capital est autorisé doivent avoir un conseil d'administration (BRASIL, 1976b).

Paragraphe unique. Les statuts peuvent prévoir la participation au conseil d'administration de représentants des travailleurs, choisis par leur vote lors d'une élection directe organisée par la société en collaboration avec les syndicats qui les représentent (BRASIL, 1976b).

Comme l'explique succinctement Coelho (2011, p. 242) :

> Le conseil d'administration est un organe de délibération et de contrôle, composé d'au moins trois actionnaires, compétent pour toutes les questions d'intérêt social, à l'exception de celles réservées à l'assemblée générale (art. 122 de la LSA). Sa fonction est de rationaliser le processus décisionnel au sein de l'organisation de la société.

En règle générale, ce conseil peut se prononcer sur toute question intéressant la société, à l'exception de celles qui relèvent de la compétence exclusive de l'assemblée générale. Il est notamment chargé des dispositions de l'article 142 de la LSA :

> Art. 142. Le conseil d'administration est chargé de :
> I - définir l'orientation générale des activités de l'entreprise ;
> II - d'élire et de révoquer les administrateurs de la société et de déterminer leurs fonctions, sous réserve des dispositions statutaires ;
> III - contrôler la gestion des administrateurs, examiner à tout moment les livres et les documents de la société, demander des informations sur les contrats conclus ou sur le point d'être conclus, et tout autre acte ;
> IV - convoquer une assemblée générale lorsqu'il le juge opportun, ou dans le cas de l'article 132 du code civil ;
> V - d'exprimer un avis sur le rapport de gestion et les comptes du conseil d'administration ;
> VI - de donner son avis préalable sur des actes ou des contrats, lorsque la loi l'exige ;
> VII - de décider, lorsque les statuts l'autorisent, de l'émission d'actions ou de primes de souscription ;
> VIII - autoriser, si les statuts n'en disposent pas autrement, l'aliénation d'actifs non courants, la constitution de charges réelles et la fourniture de garanties pour les obligations de tiers ;
> IX - choisir et révoquer les auditeurs indépendants, le cas échéant.
> § Les procès-verbaux des réunions du conseil d'administration qui contiennent des résolutions destinées à produire des effets à l'égard des tiers doivent être déposés au registre du commerce et publiés.
> § La sélection et la révocation de l'auditeur indépendant sont soumises au veto dûment motivé des administrateurs élus conformément à l'article 141, paragraphe 4, le cas échéant (BRASIL, 1976b).

Pour être élus, les administrateurs doivent avoir une réputation irréprochable, et ceux qui occupent des postes dans des entreprises qui pourraient être considérées comme des concurrents sur le marché, en particulier dans les conseils consultatifs, de gestion ou de surveillance, et ceux qui ont des intérêts conflictuels avec l'entreprise, ne peuvent pas être élus (MAMEDE, 2012).

3.2 DIRECTION

Le conseil d'administration est un organe exécutif indispensable à toutes les sociétés anonymes. Il sera composé de deux ou plusieurs administrateurs (personnes physiques, résidant dans le pays, actionnaires ou non), élus et révoqués à tout moment par le conseil d'administration ou, à défaut, par l'assemblée générale, et les statuts doivent établir : (I) le nombre d'administrateurs, ou le maximum et le minimum autorisés ; (II) le mode de remplacement ; (III) la durée du mandat, qui ne peut excéder trois ans, la réélection étant autorisée ; (IV) les devoirs et les pouvoirs de chaque administrateur (art. 143, LSA).

Selon Coelho (2011, p. 255) :

> Le conseil d'administration est l'organe exécutif de la société, composé d'au moins deux personnes élues par le conseil d'administration ou, à défaut, par l'assemblée générale. Ses membres sont responsables, sur le plan interne, de la gestion de la société et, sur le plan externe, de l'expression de la volonté de la personne morale dans tous les actes et affaires qu'elle réalise.

Par conséquent, sa compétence interne est de gérer la société et, sur le plan externe, d'exprimer la volonté de la personne morale en harmonie avec son objet social, dans l'ensemble de ses actes.

Les pouvoirs de représentation de la société appartiennent exclusivement et à titre privé aux administrateurs et ne peuvent être supprimés par les statuts, ni même partagés avec un autre organe de la société (CARVALHOSA, 2009).

En outre, l'article 143, paragraphe 1, de la LSA autorise jusqu'à 1/3 (un tiers) des membres du conseil d'administration à être élus à des postes exécutifs.

En revanche, le conseil d'administration n'est pas un organe collégial permanent, puisque les administrateurs disposent de pouvoirs de représentation et d'attributions individuelles, sans qu'une délibération collégiale soit nécessaire (art. 143, § 2), contrairement au conseil d'administration.

3.3 ADMINISTRATEURS

Le concept d'"administrateurs" couvre les membres de deux organes de la société : le conseil exécutif et le conseil d'administration. Par conséquent, les règles communes en matière d'exigences, d'empêchements, d'investiture, de rémunération et, ce qui est le plus important pour cette étude, leurs devoirs et responsabilités s'appliquent aux administrateurs (LSA, art. 145 à 151) (COELHO, 2011).

3.3.1 Fonctions des directeurs

Les concepts adoptés par la LSA sont généralement larges, se référant à des normes de conduite ou "standards", ce qui donne à l'interprète et à l'applicateur de la loi une marge de liberté pour l'interprétation (CAMPOS, 2009).

Cette "liberté" ou discrétion qui leur est accordée ne peut cependant pas être utilisée pour intégrer des tâches et des responsabilités qui ne sont pas conformes aux statuts de l'entreprise ou même à la loi.

L'objectif principal de la section de la LSA qui traite des obligations des administrateurs est d'empêcher ces derniers de faire prévaloir leurs intérêts personnels sur les intérêts de la société et son objet social.

Les principaux devoirs imposés par la loi aux administrateurs de sociétés sont ceux de diligence, d'accomplissement de l'objet social, de loyauté, de secret et d'information, énumérés à l'article 153 de la LSA (COELHO, 2011).

) et des devoirs explicites (dans la loi, dans les statuts de l'entreprise), tels que le respect des résolutions, le contrôle des actions des autres administrateurs et bien d'autres encore.

Il est important de souligner que quelle que soit l'obligation violée, c'est-à-dire qu'elle soit énumérée à l'article 153, prévue dans d'autres règles ou implicite, l'effet civil est strictement le même : l'administrateur sera tenu de réparer le préjudice causé (COELHO, 2011).

3.3.1.1 Devoir de diligence

L'article 153 de la LSA énonce l'obligation de diligence selon laquelle l'administrateur de la société doit faire preuve, dans l'exercice de ses fonctions, du soin et de la diligence dont tout homme actif et droit fait habituellement preuve dans la gestion de ses propres affaires.

En d'autres termes, le devoir de diligence se résume, selon José Marcelo Martins Proenga, à "l'obligation pour l'administrateur de s'occuper des affaires d'autrui comme s'il s'agissait des siennes, en se conduisant comme un homme intègre". (PROENQA, 2005).

Coelho (2011, p. 271) estime que le "canon" de l'administration des entreprises devrait être adopté comme critère, et que ceux qui observent les postulats de ce corps de connaissances théoriques (de la science de l'administration) devraient être considérés comme diligents, faisant ce qu'il recommande et ne faisant pas ce qu'il déconseille.

D'autre part, Marcelo Vieira Von Adamek critique à juste titre le choix du législateur en affirmant qu'en soulignant la nécessité d'agir avec la diligence d'un homme actif et proverbial, des exigences telles que la compétence, la formation théorique et l'expérience professionnelle, requises de tout administrateur d'entreprise, ont été négligées, surévaluant des attributs tels que l'honnêteté, la bonne volonté et la diligence qui, à eux seuls, ne suffisent pas à garantir la bonne exécution des tâches administratives (ADAMEK, 2009, p. 123).

Il ressort des définitions présentées que le devoir de diligence correspond à une obligation de moyens et non de résultat, ce qui signifie que même si les objectifs sociaux ne sont pas pleinement et effectivement atteints, l'obligation de l'administrateur aura été remplie dès lors qu'il apparaît qu'il a pris toutes les précautions et mesures appropriées et possibles en fonction de la situation.

C'est pourquoi la perte ne doit pas être comprise comme un manque de diligence, ni le bénéfice comme un comportement diligent. En règle générale, l'administrateur n'est tenu que d'adopter un comportement approprié, avec la diligence nécessaire pour atteindre un certain but, mais il n'est pas tenu d'obtenir effectivement un résultat.

Tout ce que l'on peut exiger, c'est que le directeur agisse d'une manière qui convienne à la poursuite du but lucratif de l'entreprise, conformément aux intérêts de cette dernière.

Par conséquent, la doctrine qui défend une évaluation objective du devoir de diligence, sans considérations subjectives sur la capacité et l'expertise de chaque administrateur, en ne s'intéressant qu'aux résultats et en négligeant le chemin parcouru pour y parvenir, n'est pas justifiée.

En ce sens, Campos (2009, p. 1102) a raison :

> En d'autres termes, pour vérifier le respect de ce devoir par les administrateurs, il ne faut pas se demander quel est le comportement le plus diligent, mais plutôt s'il n'y a pas eu un manque de diligence dans le comportement adopté. Naturellement, l'existence d'un comportement plus recommandable ne signifie pas qu'un autre comportement ne puisse pas être considéré comme diligent, surtout si l'on tient compte du concept de type moyen.

On peut en conclure que le devoir de diligence ne repose pas seulement sur les résultats obtenus par l'entreprise sous la direction d'une certaine personne, ni même sur des règles et des techniques de gestion objectives, mais aussi sur des questions qui renvoient au soin, à l'attention et au comportement du dirigeant face aux difficultés et aux situations qui se présentent.

3.3.1.   2 Le devoir de loyauté

Le devoir de loyauté est inscrit dans la LSA, à l'article 155, caput, qui impose au dirigeant de servir loyalement la société, en préservant la confidentialité des affaires.

Dans ce contexte, il illustre une série de comportements qui caractérisent un manquement à l'obligation de loyauté, en montrant ce qu'il ne faut pas faire (points I, II et III de l'article 155) :

> Art. 155. Il lui est interdit : I - d'utiliser à son profit ou au profit d'autrui, avec ou sans préjudice pour la société, les opportunités commerciales dont il a

connaissance du fait de l'exercice de sa fonction ;

II - omettre d'exercer ou de protéger les droits de la société ou, en vue d'obtenir des avantages pour eux-mêmes ou pour d'autres, ne pas tirer parti d'opportunités commerciales présentant un intérêt pour la société ;

III - acquérir, pour les revendre avec profit, des biens ou des droits dont elle sait que l'entreprise a besoin ou qu'elle a l'intention d'acquérir (BRASIL, 1976b).

Le devoir de loyauté interdit aux administrateurs de tirer leurs propres avantages, ou ceux de tiers, des informations et des opportunités commerciales qui leur sont fournies du fait de leur fonction. L'administrateur a un devoir de loyauté envers les intérêts de l'entreprise.

3.3.1.3 Obligation de secret

En raison de leur position d'administrateurs ou même de conseillers de l'entreprise, il est normal qu'ils aient un large accès à toutes sortes d'informations sur l'entreprise, dont une grande partie est privilégiée et confidentielle.

L'obligation de secret vise précisément à protéger la société contre l'utilisation abusive des informations obtenues par les administrateurs du fait de leur fonction. Elle peut être générique, caractérisée par l'obligation du directeur de maintenir la confidentialité sur les affaires de la société, ou spécifique, applicable uniquement au directeur d'une société publique, exprimée dans les règles sur la répression des délits d'initiés, qui font l'objet de la présente étude.

Marcelo Vieira Von Adamek (2009, p. 169) explique :

> La crédibilité du marché des capitaux, attribut fondamental pour son fonctionnement régulier et pour la réalisation de ses objectifs d'attraction de l'épargne populaire, suppose, comme condition de justice, que tous les agents disposent potentiellement du même niveau d'information au moment de prendre leurs décisions d'investissement, de sorte que l'un ne profite pas de l'ignorance de l'autre sur des faits accessibles uniquement au premier. Les agents disposant d'informations privilégiées agissant sur le marché perturbent l'équilibre indispensable et, d'une part, causent des pertes à ceux qui n'ont pas eu accès aux données susceptibles d'influencer le prix des titres et, par conséquent, leur décision personnelle d'investir et, d'autre part, causent des gains injustifiés à ceux qui ont illégalement profité de leur position au sein de la société émettrice des titres. En définitive, le fonctionnement efficace du marché est compromis par l'éloignement des investisseurs et l'attraction de simples spéculateurs, d'où la nécessité de réprimer les pratiques abusives, ne serait-ce qu'en tant que condition de viabilité du marché des capitaux lui-même.

L'administrateur a une obligation de discrétion à l'égard de toute information pertinente[2] non encore divulguée au marché, obtenue du fait de sa fonction et susceptible d'avoir une influence

---

[2] Instruction 358 du CVM, article 2

significative sur le cours de l'action (ADAMEK, 2009).

Luiz Antonio de Sampaio Campos (2009, p. 1144) considère qu'il est faux de croire que seules les informations obtenues dans le cadre de l'exercice de la fonction doivent être réservées. Pour l'auteur, l'administrateur doit garder pour lui toutes les informations non publiques[3] dont il a connaissance en même temps qu'il exerce sa fonction, qu'elles soient obtenues dans le cadre d'une relation sociale ou familiale, ou même par inadvertance de la part d'un tiers.

La loi souligne également qu'en plus de s'abstenir de cette pratique, il incombe au directeur de veiller à ce qu'elle ne se produise pas par l'intermédiaire de ses subordonnés ou de tiers en qui il a confiance (article 155 §2º , LSA).

3.3.1.4 Obligation d'information

Notre système juridique a adopté le principe de transparence, selon José Marcelo Martins Proenga, "qui consiste en des mécanismes visant à assurer la symétrie de l'information dans la sphère du marché des capitaux, en permettant à l'ensemble de la communauté des investisseurs d'accéder à l'information sur les sociétés", exprimé dans l'article 157, paragraphe 4, de la loi sur les sociétés anonymes (LSA).

En d'autres termes, les administrateurs des sociétés cotées ont un devoir d'information, ils sont tenus de divulguer les faits pertinents concernant la situation de la société, garantissant ainsi la symétrie de l'information et l'équilibre des positions des agents du marché.

Contrairement à ce que beaucoup prétendent, il n'y a pas de conflit entre le devoir de secret et le devoir d'information. Ce dernier ne fait qu'assouplir dans une certaine mesure la règle de l'obligation de secret. En d'autres termes, en dehors des cas où le devoir d'information est imposé, le dirigeant ne doit pas donner ou divulguer des informations sur l'entreprise et ses activités (CAMPOS, 2009).

Le respect de l'obligation de secret prend deux formes différentes : la fourniture d'informations aux actionnaires et la divulgation de faits pertinents aux investisseurs du marché des capitaux (ADAMEK, 2009).

En ce qui concerne le premier aspect, l'article 157 de la LSA établit que l'administrateur d'une société publique "doit déclarer, lors de la signature de l'acte d'investiture, le nombre d'actions, de primes de souscription, d'options d'achat d'actions et d'obligations convertibles et d'actions émises par la société et par les sociétés contrôlées ou appartenant au même groupe qu'elle, qu'il détient".

Il convient de souligner que ces informations doivent être fournies selon les modalités

---

[3] Elle souligne que le fait que l'information soit connue de personnes extérieures à l'entreprise ne la rend pas publique.

établies, même si l'administrateur n'est pas actionnaire ou détenteur de titres, car le rapport sert toujours de base au suivi de l'évolution de sa position au sein de l'entreprise.

En outre, outre les informations, les administrateurs doivent répondre aux demandes d'éclaircissement, sous peine de manquement à l'obligation légale, ce qui peut invalider la résolution approuvant les comptes et les états financiers.

Ainsi, l'administrateur (mais aussi l'actionnaire de contrôle et les membres du conseil de surveillance) doit informer la Securities and Exchange Commission, ainsi que la bourse des valeurs ou le marché boursier, de tout changement dans sa participation, c'est-à-dire de tout achat ou vente d'actions (art. 157, §6°, LSA).

En outre, selon Coelho (2011, p. 275), l'administrateur doit fournir aux mêmes organes la publication dans la presse de la survenance de faits pertinents, qui sont entendus comme tels :

> [...] tous les événements économiques ayant des répercussions économiques sur la société, y compris, dans ce vaste ensemble, les résolutions de ses organes sociaux, la réalisation ou la non-réalisation de certaines activités, les prévisions de rendement, etc. Le fait sera pertinent s'il peut avoir une influence considérable sur la décision des investisseurs du marché des capitaux de vendre ou d'acheter des titres émis par la société anonyme (LSA, art. 157, §4).°

Dans la mesure où la transparence doit être un des piliers du marché des valeurs mobilières, le non-respect de cette règle engage la responsabilité civile de l'administrateur pour les dommages subis par les actionnaires et les tiers, sans préjudice de la responsabilité administrative qui peut s'appliquer.

En effet, le fonctionnement du marché des capitaux dépend effectivement d'un accès transparent à l'information. C'est le principe de la *divulgation complète*, qui vise à garantir que tous les investisseurs ont des chances égales dans les négociations (COELHO, 2011).

Chapitre 4
4 DÉLIT D'INITIÉ

4.1 *INSIDER*

Les initiés, en termes purement doctrinaux, sont toutes les personnes qui, en relation avec une entreprise donnée, en vertu de leur fonction à l'intérieur ou à l'extérieur de l'entreprise, détiennent des informations privilégiées et non divulguées concernant les activités et la situation de l'entreprise.

Au fil du temps, la portée limitée de la règle contenue dans l'actuel §1 de l'article 155 a fait l'objet de nombreuses discussions, étant donné que l'interdiction du *délit d'initié* et la figure de l'*initié* ne s'appliquaient qu'aux administrateurs des sociétés *cotées en bourse*. Par la suite, une interprétation doctrinale a été élaborée selon laquelle l'actionnaire de contrôle serait soumis à cette règle prohibitive s'il utilisait des informations privilégiées pour son propre bénéfice ou celui de tiers (CARVALHOSA ; EIZIRIK, 2002).

Il convient donc de noter que certaines personnes, en raison de leur position dans la structure organisationnelle d'une société anonyme ou parce qu'elles en détiennent le contrôle, ont accès à toutes les conditions financières et commerciales de la société et peuvent, grâce à ces informations privilégiées ou confidentielles, se comporter comme des *initiés* et négocier (vendre et acheter des actions sur le marché des capitaux) pour leur propre compte ou pour le compte de tiers, d'une manière privilégiée par rapport à d'autres *investisseurs/extérieurs*.

Plus tard, avec la réforme de la LSA, réalisée par la loi 10.303 de 2001, le § 4 a été introduit dans l'article 1554, qui clarifie le § 2 de la LSA, en lui donnant une formulation plus claire sur la figure et la position des initiés, qui stipule que toute personne est interdite de pratiquer le *délit d'initié* (CARVALHOSA, 2009).

Selon Campos (2009, p. 1153) :

> Cette modification a des effets très importants, non seulement en raison de son champ d'application, qui est beaucoup plus large que celui de l'interdiction précédente, mais aussi parce qu'elle a une structure probatoire très différente de celle applicable aux *initiés* primaires ou assimilés, et à propos de laquelle il convient de prêter attention aux éléments suivants

Par conséquent, les membres de la direction de la société ne sont pas les seuls à être considérés comme des *initiés*. Sont également considérés comme des *initiés les* membres du conseil d'administration et les personnes occupant des postes techniques et consultatifs dans une société cotée en bourse, ainsi que les personnes qui, en raison de leur activité, de leur fonction ou de leur position (avocats, auditeurs, analystes en investissement, institutions financières, etc.) ont accès à des informations pertinentes et confidentielles sur la situation économique, financière et/ou commerciale d'une société cotée en bourse (PROENQA, 2005).

En outre, la personne qui, de connivence ou même par négligence de la part du directeur, tire effectivement profit de l'information sera également considérée comme un *initié*.

4 Art. 155. L'administrateur doit servir loyalement la société et préserver la confidentialité de ses affaires :
I - d'utiliser, à leur profit ou au profit d'autrui, avec ou sans préjudice pour la société, les opportunités commerciales dont ils ont connaissance du fait de l'exercice de leur mandat ;
II - omettre d'exercer ou de protéger les droits de la société ou, en vue d'obtenir des avantages pour eux-mêmes ou pour d'autres, ne pas tirer parti d'opportunités commerciales présentant un intérêt pour la société ;
III - acquérir, pour les revendre avec profit, des biens ou des droits dont l'entreprise sait qu'elle a besoin ou qu'elle a l'intention d'acquérir.
§Le directeur d'une société faisant appel public à l'épargne doit également garder confidentielles les informations suivantes
des informations non encore divulguées au marché, obtenues en raison de sa fonction et susceptibles d'influencer de façon sensible le cours des titres, et il ne peut utiliser ces informations pour obtenir, pour lui-même ou pour autrui, un avantage par l'achat ou la vente de titres.
§ Paragraphe 2 L'administrateur doit veiller à ce que les dispositions du paragraphe 1 ne soient pas violées par les subordonnés ou les tiers en qui il a confiance.
§ Paragraphe 3 La personne lésée lors de l'achat ou de la vente de titres, contractés en violation des dispositions des paragraphes 1 et 2, a le droit de réclamer des dommages-intérêts à l'auteur de l'infraction, à moins qu'elle n'ait déjà eu connaissance de l'information au moment où elle a contracté.
§ Paragraphe 4 : L'utilisation d'informations pertinentes qui n'ont pas encore été divulguées, par quiconque y a eu accès, dans le but d'obtenir un avantage, pour lui-même ou pour d'autres, sur le marché des valeurs mobilières est interdite (inclus par la loi 10.303 de 2001) (BRASIL, 2001, italiques ajoutés).

des informations d'initiés non divulguées pour réaliser un profit par l'achat et/ou la vente précipitée de titres émis par la société, qui seraient nécessairement négociés sur d'autres bases ou qui ne seraient tout simplement pas négociés si le public investisseur avait simultanément connaissance de la même information (CARVALHOSA ; EIZIRIK, 2002).

Toutefois, le terme "toute personne" est limité. En effet, il doit exister un lien professionnel entre l'information divulguée et les tiers, de sorte que seules les personnes ayant accès à ces informations en vertu de leur profession (avocats, auditeurs, analystes en investissement, opérateurs de marché, institutions financières, experts, etc.) peuvent être tenues pour responsables de l'utilisation de ces informations (CARVALHOSA, 2009).

Par conséquent, la connaissance occasionnelle ou même accidentelle d'informations pour toute autre raison que l'exercice d'une profession ou le contrôle d'informations *privilégiées* est difficile à qualifier de *délit d'initié* (Carvalhosa, Eizirik, 2001).

Ainsi, Carvalhosa (2009, p. 295) déclare :

Si, en fait, l'information pertinente a été divulguée au-delà des administrateurs, des actionnaires de contrôle et des personnes professionnellement impliquées, les tiers qui sont occasionnellement informés ne peuvent pas être considérés comme des *initiés*. Dans ce cas, l'administrateur est directement responsable de ne pas avoir maintenu la confidentialité nécessaire sur le fait matériel, au point qu'il s'est répandu dans la sphère purement sociale.

À cet égard, les tiers non impliqués dans la société, ou même les professionnels impliqués dans la société qui entrent "par hasard" en possession d'une information privilégiée, ne peuvent être qualifiés d'*initiés,* et le directeur est responsable de ne pas avoir maintenu le secret nécessaire à l'égard d'une information privilégiée ou d'un fait important.

En tant que tels, les directeurs doivent veiller à ce que les secrets de l'entreprise ne soient pas violés par des subordonnés ou des tiers en qui ils ont confiance. Les "tiers de confiance" comprennent naturellement les membres de la famille, ainsi que les amis proches et les partenaires dans d'autres activités extraprofessionnelles (REQUIÁO, 2012).

D'autre part, il convient de mentionner que le délit d'*initié n'est pas interdit, car les* hypothèses justifiant une telle interdiction ne sont pas présentes, étant donné qu'il existe une stricte égalité de conditions et d'informations entre les parties, en ce qui concerne l'information d'initié. En d'autres termes, dans ce cas, il n'y a pas de victimes de *délit d'initié* puisque les parties étaient sur un pied d'égalité dans la négociation (CAMPOS, 2009).

Nous pouvons conclure que les actions des *initiés qui* utilisent des informations privilégiées et non divulguées vis-à-vis des *outsiders* sont extrêmement préjudiciables au marché des capitaux et constituent le "fameux" *délit d'initié, un* sujet que nous explorerons par la suite.

4.2 *DÉLITS D'INITIÉS*

Comme nous l'avons déjà expliqué, l'article 155 de la loi sur les sociétés consacre le devoir de loyauté des administrateurs envers la société, qui se fonde sur la nature fiduciaire de leurs fonctions. Le paragraphe 1 du même article établit que l'administrateur d'une société publique doit garder confidentielle toute information pertinente non encore divulguée, obtenue en raison de sa position et susceptible d'influencer le prix des actions et autres titres émis par la société, "et il ne peut pas utiliser l'information pour obtenir, pour lui-même ou pour d'autres, un avantage par le biais de l'achat ou de la vente de titres". Le paragraphe 4, quant à lui, consacre le devoir d'information, qui oblige les dirigeants de la société à notifier immédiatement aux bourses et à publier dans la presse toute résolution de l'assemblée générale ou du conseil d'administration, ou tout fait pertinent susceptible d'influencer le cours des actions (CARVALHOSA, EIZIRIK, 2002).

En tant que tel, le droit des sociétés a suivi le modèle normatif du droit américain concernant le devoir du directeur d'une société cotée en bourse de divulguer ou de s'abstenir d'utiliser des informations à son propre avantage ou à l'avantage d'autres personnes, si elles sont privilégiées. C'est ce que nous appelons "*divulguer ou s'abstenir*" *en* droit américain (CARVALHOSA, EIZIRIK, 2001).

Le délit d'initié est l'utilisation d'informations privilégiées sur des titres par des *initiés* qui, en vertu de leur activité professionnelle, sont "au courant" des activités de l'entreprise, pour négocier des titres avant que ces informations ne soient connues du public (EIZIRIK, 2008).

En résumé, le concept de base du *délit d'initié* consiste à acheter et à vendre des titres à des clients qui ne sont pas encore conscients de l'impact des informations privilégiées dont ils disposent (EIZIRIK, 1987).

Ces informations dites d'initiés ne sont pas seulement des informations produites par l'entreprise, mais aussi des informations qui ont un effet sur l'entreprise. En outre, ces informations sont privilégiées parce qu'elles ne sont pas accessibles à tout le monde, mais seulement à quelques-uns, les "*initiés*" (CAMPOS, 2009).

Il est également important de souligner que l'information privilégiée dont l'utilisation est interdite à l'article 155 de la LSA ne doit pas être confondue avec le fait important prévu à l'article 157 de la LSA, bien que tous deux soient fondés sur la possibilité d'influencer le cours des titres émis par la société ou la décision des investisseurs d'effectuer des opérations. La raison en est qu'il n'est pas rare qu'une information soit diffusée avant qu'il n'y ait un fait important. Ce n'est pas une coïncidence si la LSA a traité les deux situations dans des articles différents (CAMPOS, 2009).

L'intention d'obtenir un avantage en achetant et en vendant des titres pour soi-même ou pour d'autres est une condition fondamentale pour violer l'interdiction des délits d'initiés. L'élément intentionnel, c'est-à-dire la culpabilité, est un élément subjectif du type. C'est pourquoi la CVM réglemente les situations dans lesquelles, bien qu'un délit d'initié puisse se produire, elle ne punit ni n'interdit les opérations des administrateurs, pour autant qu'ils puissent prouver que l'objectif de l'opération n'est pas de tirer un avantage de l'information d'initié, comme le montre l'instruction 358/2002 de la CVM (CAMPOS, 2009).

Il convient de souligner que le *délit d'initié,* qui consiste pour les *initiés* (directeurs, actionnaires importants et autres personnes ayant accès à ces informations) à tirer profit d'informations privilégiées, confidentielles, réservées et non publiées sur les progrès et les affaires d'une certaine société (société anonyme) pour leur propre bénéfice et enrichissement, est très mauvais pour le marché des capitaux, car il porte atteinte aux droits des autres investisseurs et détruit la confiance et l'équité de leurs relations sur le marché des capitaux.

Campos (2009, p. 1151) estime que "les éventuels délits d'initiés minent la confiance des investisseurs dans le marché des valeurs mobilières, car ils ne savent pas s'ils négocient sur la base des mêmes informations".

Pour José Luiz Bulhoes Pedreira et Alfredo Lamy Filho (1992, p. 574) :

> [...] le *délit d'initié* représente un crime aussi fréquent qu'ignominieux, l'exploitation d'"informations" confidentielles, le *"délit d'initié",* qui est le cancer de la bourse, le grand ennemi de l'investisseur ordinaire, souvent la victime sans défense des

dirigeants de l'entreprise même dont ils sont les associés. C'est le cas de l'actionnaire qui vend sa participation dans l'ignorance d'une information qui lui a été cachée par le gestionnaire (après tout, le gestionnaire d'un patrimoine qui est aussi le sien), mais divulguée à des tiers qui l'exploitent à leur profit.

Comme nous l'avons déjà vu, le marché des capitaux favorise une plus grande transparence et symétrie de l'information. Pour que le marché soit économiquement efficace, le prix des titres doit refléter l'information dont disposent les investisseurs en général sur les sociétés dont les titres sont négociés. Pour ce faire, la transparence et l'équité de l'information présentée aux autres investisseurs sur le marché sont primordiales.

En outre, les raisons de la prévention des *délits d'initiés ne se* limitent pas à la défense d'un marché des capitaux efficace et à la protection des investisseurs. Plus important encore, les performances du marché des capitaux dépassent le domaine de ses agents et affectent l'ensemble de l'économie d'un pays, raison pour laquelle sa protection est considérée comme étant d'intérêt public et est en fait inscrite dans l'ordre constitutionnel du pays (PROENQA, 2005).

C'est pourquoi, face à ces faits, des mécanismes ont été créés pour contrôler et combattre les *délits d'initiés,* qui se divisent en deux volets : 1) les règles préventives, les concepts éthiques et économiques et les devoirs des administrateurs, déjà évoqués plus haut ; et 2) les règles répressives, qui consistent essentiellement à lutter contre cette pratique, en punissant ses auteurs par des sanctions en matière de responsabilité civile, ainsi que par des sanctions pénales et administratives.

A cet égard, Bertin (2010, p. 42) :

> Le principe de transparence ou de *divulgation complète* est soutenu par la création de règles préventives, qui font référence à la diffusion et à la divulgation à grande échelle de l'information. En cas d'échec, il doit être contenu par l'utilisation de règles répressives, qui imposent des sanctions civiles (réparation des dommages causés), administratives et pénales.

Nous disposons donc de règles préventives fondées sur des concepts éthiques, économiques et moraux, ainsi que d'obligations importantes, dans le cas des administrateurs et des conseillers d'entreprise, dont la fonction est d'empêcher ou au moins de réduire considérablement la pratique des *délits d'initiés* sur le marché des capitaux. Toutefois, en cas d'échec, la pratique du délit d'initié sera combattue en tenant l'*initié pour* responsable et en lui imposant des sanctions civiles, pénales et administratives (le cas échéant).

4.2.1 Règles de prévention des *délits d'initiés*

En ce qui concerne les règles de prévention des *délits d'initiés*, des concepts éthiques ont été élaborés, sur la base du principe de transparence ou de *divulgation complète, afin de* garantir la visibilité nécessaire des opérations sur les marchés des capitaux et de renforcer la sensibilisation aux devoirs de diligence, de loyauté et d'information qui incombent aux administrateurs, comme indiqué au chapitre précédent.

Selon Eizirik (2008, p. 20), ce principe de transparence de l'information, ou *full disclousure* en droit américain, qui favorise la prévention des *délits d'initiés*, permet d'atteindre deux objectifs économiques :

> a) dans la détermination du prix des titres, l'efficience signifiant dans ce contexte la capacité des prix à réagir aux nouvelles informations ; plus la réaction est rapide, plus le marché est efficient, l'idéal étant que le prix d'un titre donné reflète uniquement et exclusivement les informations disponibles publiquement ;
> b) dans l'allocation des ressources, afin que les investisseurs, sur la base des informations disponibles, placent leur épargne dans les entreprises les plus productives et les plus rentables ;

Leâes (1982, p. 16) démontre clairement le concept et la mise en œuvre de la *divulgation totale* :

> [...] introduit un instrument de contrôle social tout à fait original : l'information *complète et loyale*. Toute la législation régissant les marchés primaire et secondaire des valeurs mobilières s'articule autour de ce concept central, cherchant à imposer la pratique de l'*information*. L'objectif de ces commandements est de permettre aux investisseurs ordinaires de disposer des informations nécessaires pour prendre des décisions judicieuses concernant leurs investissements, mais aussi de s'assurer de la véracité de ces informations. Il ne s'agit pas de remettre en cause la solidité de l'entreprise, ni d'interdire à l'investisseur de faire un mauvais choix, mais seulement de lui fournir des informations pertinentes pour qu'il puisse les examiner. Elle ne cherche même pas à s'assurer que ces informations sont effectivement examinées par l'investisseur. Son action se fonde sur le principe, reconnu depuis longtemps en droit américain, selon lequel une personne doit pouvoir exercer une activité en toute connaissance de cause, même si son choix, bon ou mauvais, est laissé exclusivement à son libre arbitre. En bref, un marché des valeurs mobilières libre exige l'égalité d'accès des acheteurs et des vendeurs aux informations matériellement pertinentes, afin qu'ils puissent prendre des décisions judicieuses concernant leurs activités.

Ce système d'*information complète* vise à offrir une plus grande sécurité aux investisseurs et à réduire les risques liés à l'investissement en valeurs mobilières, dans le but d'attirer des investisseurs potentiels (BERTIN, 2010).

Étant donné qu'un marché des capitaux qui peut être manipulé, ou dans lequel ceux qui utilisent des informations privilégiées pour faire des affaires opèrent en toute impunité, n'inspire pas la confiance des investisseurs et ne s'affirme pas, il ne se développe pas, ce qui rend impossible la croissance des entreprises qu'il finance (PROENQA, 2005).

D'un point de vue éthique et moral, il est inacceptable qu'une personne tire profit de la négociation de titres en utilisant des informations privilégiées et non divulguées obtenues grâce à sa position au sein de l'entreprise ou du marché. Il s'agit sans aucun doute d'un acte déloyal que la loi ne peut autoriser (CAMPOS, 2009).

Ces raisons éthiques découlent du principe de l'égalité d'accès à l'information. En effet, il existe un déséquilibre total entre la position de l'*initié* et celle des *outsiders* ou autres participants au marché, et il est éthiquement répréhensible de réaliser un profit uniquement en utilisant des informations non disponibles au public et connues de l'*initié* (EIZIRIK, 2009).

Il n'est pas déraisonnable de penser que les *outsiders*, quels que soient leurs efforts, leur intelligence et leurs recherches, seront toujours désavantagés et seront "dépassés" par un *initié en* raison du déséquilibre et de l'asymétrie entre les informations qu'ils détiennent.

Outre l'éthique, comme nous l'avons déjà vu, des raisons économiques justifient également que l'on s'oppose à la pratique courante du *délit d'initié* sur le marché des capitaux et que l'on tente de l'empêcher.

D'autre part, les raisons économiques sont liées au concept d'efficience dans la détermination du prix des titres échangés sur le marché des capitaux. La théorie économique indique que le marché est efficient lorsque le prix des actions reflète, de manière virtuelle et instantanée, toute l'information disponible sur les entreprises dont les titres sont négociés (EIZIRIK, 2009).

On considère que la négociation sur le marché des capitaux présuppose la confiance dans le marché et dans la bonne formation des prix, et dans ce sens présuppose que le prix d'un titre est le résultat du jugement collectif des anticipations sur ce titre, ce qui amène la notion de marché efficient développée par la théorie économique (CAMPOS, 2009).

Nous concluons donc que les règles préventives sont fondées sur des concepts éthiques, économiques et moraux, ainsi que sur les devoirs des dirigeants, et qu'elles ont pour fonction de prévenir les *délits d'initiés* sur le marché des capitaux.

Nous examinerons donc comment la pratique du délit d'initié sur les marchés des capitaux peut être combattue si les règles préventives échouent. Nous aborderons ainsi les sanctions prévues par la législation brésilienne en cas de délit *d'initié, à savoir la* responsabilité civile, pénale et administrative (le cas échéant).

Chapitre 5

5 LUTTE CONTRE LES *DÉLITS D'INITIÉS*

5.1 RESPONSABILITÉ CIVILE

Avec la promulgation de la loi 6.404 de 1976, ou loi sur les sociétés anonymes, plus précisément dans son article 1585, les administrateurs ont commencé à être tenus civilement responsables des violations de la loi ou des statuts, en plus des fautes coupables ou intentionnelles relevant de leurs attributions, y compris les *délits d'initiés* (spécifiés à l'article 155, paragraphes 3 et 4, de la même loi).

Pour Leaes (1982, p. 177) :

> [la responsabilité civile des administrateurs pour les dommages causés dans le cadre de leurs pouvoirs ou de leurs fonctions découle, selon la loi, de la faute ou du dol de leurs actes. Ainsi, la faute des administrateurs, au sens large ou strict, doit être préalablement prouvée par la personne lésée, de même qu'il lui appartient de prouver le dommage qui en résulte et le lien de causalité entre l'acte et le fait illicite, pratiqué ou consenti par l'administrateur, ainsi que le dommage qu'il a causé.

En revanche, en cas de comportement contraire à la loi ou aux statuts, la loi présume la culpabilité, inversant la charge de la preuve (LEÁES, 1982).

En cas de *délit d'initié*, la responsabilité civile est limitée aux personnes qui se trouvent à l'intérieur de l'entreprise et qui ont le devoir de garder le secret ou d'informer le public d'une manière appropriée pour l'entreprise.

---

5 Art. 158. Le directeur n'est pas personnellement responsable des obligations qu'il contracte au nom de la société et en vertu d'un acte régulier de gestion ; il est toutefois civilement responsable des dommages qu'il cause à cette occasion :
I - dans l'exercice de leurs fonctions ou de leurs attributions, avec une faute ou un manquement délibéré ;
II - en violation de la loi ou des statuts.
§ L'administrateur n'est pas responsable des actes illicites des autres administrateurs, à moins qu'il ne soit de connivence avec eux, qu'il ne néglige de les découvrir ou que, en ayant connaissance, il n'agisse pas pour en empêcher la perpétration. L'administrateur dissident est exonéré de toute responsabilité s'il consigne son désaccord dans le procès-verbal de la réunion du conseil d'administration ou, si cela n'est pas possible, s'il en informe immédiatement le conseil d'administration, le conseil fiscal, s'il existe, ou l'assemblée générale des actionnaires.
§ Les administrateurs sont solidairement responsables des pertes causées par un manquement aux obligations imposées par la loi pour assurer le fonctionnement normal de la société, même si, en vertu des statuts, ces obligations n'incombent pas à l'ensemble d'entre eux.
§ Paragraphe 3 - Dans les sociétés faisant appel public à l'épargne, la responsabilité visée au paragraphe 2 est limitée, sous réserve des dispositions du paragraphe 4, aux administrateurs qui, en vertu d'une disposition statutaire, sont spécialement chargés de remplir ces fonctions.
§ L'administrateur qui, ayant connaissance de l'inexécution de ces obligations par son prédécesseur ou par l'administrateur compétent en vertu du paragraphe 3, n'en informe pas l'assemblée générale, est solidairement responsable.
§ Paragraphe 5 - Quiconque, dans le but d'obtenir un avantage pour lui-même ou pour autrui, contribue à la pratique d'un acte en violation de la loi ou du statut, est solidairement responsable avec le directeur (BRASIL, 1976b).

isonomique, linéaire et structuré pour le marché, comme l'enseigne Eizirik (1983, p. 52) :

> [...] la responsabilité civile pour les *délits d'initiés est* limitée à ceux qui sont effectivement à l'intérieur de la société (administrateurs, dirigeants, actionnaires de contrôle et employés de la société) puisqu'ils ont notamment une obligation d'information.

D'autre part, il y a eu beaucoup de discussions doctrinales sur la nature de la responsabilité, qu'elle soit subjective ou objective, qu'il y ait besoin de culpabilité ou non, sur ce point Leáes (1982, p. 178) :

> [...] en interdisant expressément la pratique du *délit d'initié par les* administrateurs, la nouvelle loi sur les sociétés étend à ce type de délit le mécanisme de la *présomption de culpabilité*, qui n'existait pas dans l'ancien régime d'anonymat, et l'aligne davantage sur le paradigme américain, dont elle s'inspire. D'autre part, en créant une obligation pour l'administrateur de veiller à ce que l'utilisation de ces informations ne se fasse pas par l'intermédiaire de subordonnés ou de tiers en qui *il a* confiance, la loi établit une autre présomption de faute propre, pour justifier la responsabilité de l'administrateur pour les actes d'autrui (employés, membres de la famille, amis, partenaires, contrôleurs, personnes en qui il a *confiance*), raison pour laquelle on parle de *responsabilité indirecte* dans notre droit. Il ne s'agit donc pas d'une responsabilité pour la faute d'*autrui*, mais d'une responsabilité pour sa propre faute, consistant en un manquement au devoir de *vigilance,* c'est-à-dire une négligence par rapport à la vigilance que l'on est tenu d'exercer.

Plus tard, Eizirik (1983, p. 53) a adopté la même position :

> [...] l'élément fondamental dans l'analyse de la responsabilité civile de l'*initié* n'est cependant pas la nature de sa responsabilité [...], mais plutôt le lien de causalité entre son comportement illicite et le dommage causé aux investisseurs. Dans le cas de transactions effectuées sur le marché, qui se caractérise par son caractère absolument impersonnel, il n'est pas nécessaire de prouver qu'elle a acheté ou vendu auprès de l'*initié*. Exiger une telle relation directe reviendrait à condamner la lutte contre les *délits d'initiés à un* échec absolu, puisque, compte tenu des caractéristiques du marché des capitaux, il est souvent impossible de "relier" les parties contractantes. Il importe donc peu de savoir à qui l'*initié* a acheté ou vendu. Le lien de causalité doit être déduit en prouvant que l'information omise était pertinente et privilégiée. [Par conséquent, la responsabilité purement objective de l'*initié* serait excessive. En réalité, il existe une *présomption de culpabilité,* mais la preuve du contraire est admissible.

La responsabilité purement objective de l'*initié* serait excessive. En réalité, il existe une présomption de culpabilité, mais la preuve du contraire est admissible.

Cette présomption de culpabilité, très proche de la notion de responsabilité objective, se retrouve aussi bien dans la sphère civile que dans la sphère administrative (EIZIRIK, 1983).

En ce qui concerne la présomption de culpabilité, la LSA adopte le critère analytique, énumérant les devoirs de loyauté et d'information des administrateurs, ce qui permet de mieux catégoriser la faute et, par conséquent, de déterminer la responsabilité de manière plus précise.

De cette manière, le législateur élargit les hypothèses de présomption de culpabilité, car la présomption de culpabilité est l'un des procédés techniques utilisés pour donner une plus grande plasticité à la conception subjective de la responsabilité, facilitant ainsi la preuve sans déplacer le fondement de la responsabilité (LEÁES, 1982).

Le système de présomption de culpabilité semble le plus prudent et le plus juste, car, bien qu'il soit proche du système objectif par risque, en dispensant le demandeur de prouver sa culpabilité, il permet au défendeur de prouver l'absence de son action coupable, en soulignant que le plus prudent est l'adoption de la théorie de la présomption de culpabilité, en dispensant le demandeur de prouver sa culpabilité, mais en admettant certaines excuses de la part du responsable (BULGARELLI, 1983).

Par conséquent, on peut conclure que la responsabilité civile des *initiés est de* nature subjective, c'est-à-dire qu'elle requiert la culpabilité, l'intention, l'intention de frauder le marché, d'utiliser les informations privilégiées qu'ils détiennent afin de générer leur propre profit ou en faveur de tiers.

En d'autres termes, le plaignant ne doit pas prouver la culpabilité de l'*initié,* mais l'*initié doit* prouver son "innocence" ou prouver que son comportement était prudent, diligent ou qu'il a pris toutes les précautions nécessaires pour que l'information soit préservée.

Eizirik (1983) lui-même considère que "l'élément fondamental dans l'analyse de la responsabilité civile des *délits d'initiés* n'est cependant pas la nature de leur responsabilité, mais le lien de causalité entre leur comportement illicite et le dommage causé aux investisseurs".

Ainsi, dans le cas d'opérations effectuées sur le marché des capitaux, qui se caractérise par une totale impersonnalité, il n'est pas nécessaire que la partie lésée prouve qu'elle a acheté ou vendu auprès de l'*initié.* Exiger une telle relation directe reviendrait à condamner la lutte contre les *délits d'initiés à un* échec absolu, puisque, compte tenu des caractéristiques du marché, il est souvent impossible de lier les parties contractantes (EIZIRIK, 1983).

Cela conduit à la conclusion qu'il importe peu de savoir auprès de qui l'*initié* a acheté ou vendu les titres.

Le lien de causalité doit être déduit en prouvant que l'information omise était pertinente et privilégiée (EIZIRIK, 1983).

Quant à l'étendue de la responsabilité, qu'elle soit solidaire ou non, l'article 8 de l'instruction CVM 358/026 prévoit que cette responsabilité doit être solidaire, stipulant que tous les agents (administrateurs, actionnaires de contrôle et tiers de confiance) qui ont eu accès à des informations privilégiées sont solidairement responsables de la violation de l'obligation de secret (BERTIN, 2010).

Carvalhosa (2009, p. 314) est clair lorsqu'il déclare : "S'il est prouvé que la fuite d'informations sur un fait important résulte de l'action ou de l'omission de l'administrateur (tippeur), celui-ci sera responsable, avec le bénéficiaire (tippeur), des pertes et des dommages causés à l'investisseur".

Par conséquent, les investisseurs qui ont été lésés par un *délit d'initié* ont le droit d'intenter une action civile en dommages et intérêts, c'est-à-dire de réclamer des dommages et intérêts aux auteurs de l'infraction (CARVALHOSA, 2009).

5.1.1 Action individuelle de la personne lésée

La responsabilité civile engendre l'obligation d'indemniser pour la commission d'un acte illicite et se fonde sur les dispositions des articles 186, 187 et 927 du code civil, qui stipulent :

> Art. 186. Commet un acte illicite quiconque, par action ou omission volontaire, négligence ou imprudence, viole un droit et cause à autrui un dommage, même s'il est exclusivement moral.
> Art. 187 : Commet également un acte illicite le titulaire d'un droit qui, dans son exercice, dépasse manifestement les limites imposées par sa finalité économique ou sociale, de bonne foi ou par les bonnes mœurs.[7]

> Art. 927. Celui qui, par un acte illicite (art. 186 et 187), cause un dommage à autrui, est tenu de le réparer.
> Paragraphe unique. Il y aura obligation de réparer le dommage, indépendamment de la faute, dans les cas prévus par la loi, ou lorsque l'activité normalement exercée par l'auteur du dommage implique, par sa nature, un risque pour les droits d'autrui (BRASIL, 2002b).

Prévue au §7° de l'article 159 de la LSA[8] , l'action individuelle vise à réparer tout dommage directement supporté par l'actionnaire ou le tiers, du fait d'un acte imputable à l'administrateur, indépendamment de toute délibération des actionnaires (CARVALHOSA, 2009).

En bref, l'admissibilité d'une action individuelle se produit chaque fois que le directeur, par un abus ou un détournement de pouvoir, ou par le non-respect de la loi ou du statut, nie ou retarde les droits des actionnaires ou des investisseurs, ou même leur cause un dommage matériel direct (CARVALHOSA, 2009).

---

[76] Art. Les actionnaires de contrôle, les administrateurs, les membres du conseil d'administration, du conseil de surveillance et de tout autre organe à vocation technique ou consultative créé par les statuts, ainsi que les employés de la société doivent **garder confidentielles les informations relatives à un acte ou à un fait pertinent auquel ils ont un accès privilégié du fait de leur position,** jusqu'à ce qu'elles soient divulguées au marché, et veiller à ce que les subordonnés et les tiers de confiance fassent de même, étant conjointement et solidairement responsables en cas de non-respect (BRASIL, 2002a, italiques ajoutés).

[8] Art. 159 : La société est responsable, par décision préalable de l'assemblée générale, de la responsabilité civile de l'administrateur pour les dommages causés à son patrimoine.
§ L'action prévue au présent article n'exclut pas l'action que peut engager un actionnaire ou un tiers directement lésé par un acte d'un administrateur (BRASIL, 1976b).

Ainsi, pour autoriser l'introduction d'une action directe par la partie lésée, il faut qu'elle ait subi un préjudice direct et immédiat.

Bien que, en règle générale, le dommage causé par le comportement d'un *initié* affecte le patrimoine individuel de l'actionnaire, donnant lieu à une action individuelle, s'il y a un dommage subi par la société elle-même, il sera possible d'engager une action sociale en responsabilité, préalablement décidée par l'assemblée générale, en vue de rétablir l'équilibre interne de la personne morale (art. 159, caput, LSA).

Ce qui est plus courant, cependant, c'est que la pratique du *délit d'initié* entraîne un préjudice matériel direct et effectif pour les actionnaires et les investisseurs, en raison de la manipulation des actions et des titres sur le marché par les dirigeants, au détriment de l'égalité des droits de négociation des autres investisseurs, d'où la légitimité individuelle des *outsiders à intenter une* action contre les dirigeants (CARVALHOSA, 2009).

Aucune des exigences de l'article 159 qui s'appliquent aux actions de société ne s'applique aux actions individuelles, telles que la délibération préalable lors d'une assemblée générale, le délai requis ou la participation minimale des plaignants (CAMPOS, 2009).

Enfin, une question intéressante concernant l'action individuelle intentée par des tiers est le fait qu'ils peuvent intenter une action populaire, dans le cas des sociétés à capital mixte ou de toutes autres sociétés contrôlées par des personnes morales relevant directement ou indirectement de l'administration publique, contre les administrateurs et l'entité publique administrante (CARVALHOSA, 2009).

5.1.2 Action civile publique

D'autre part, la loi n° 7.913 de 1989 a donné au ministère public le pouvoir, de sa propre initiative ou à la demande du CVM, d'intenter une action civile publique pour protéger les droits collectifs et la responsabilité pour les dommages causés aux investisseurs, aux *personnes extérieures,* qui ont subi des dommages à la suite d'un *délit d'initié* sur le marché des valeurs mobilières, conformément à l'article 1, point II :

> Art. 1 Sans préjudice de l'action en réparation de la partie lésée, le ministère public, d'office ou à la demande de la Commission des valeurs mobilières et des changes (CVM), adopte les mesures judiciaires nécessaires pour prévenir les dommages ou obtenir la réparation des dommages causés aux détenteurs de valeurs mobilières et aux investisseurs sur le marché, en particulier lorsqu'ils résultent de :
> II - l'achat ou la vente de titres par les administrateurs et les actionnaires de contrôle d'une société cotée en bourse, en utilisant des informations pertinentes qui n'ont pas encore été divulguées au marché, ou la même opération effectuée par ceux qui la détiennent en vertu de leur profession ou de leur fonction, ou par toute personne qui l'a obtenue par l'intermédiaire de ces personnes (BRASIL, 1989).

Bien que cette loi soit un instrument important pour lutter contre les *délits d'initiés*, pour engager la responsabilité civile des dirigeants qui commettent cette pratique, et un outil juridique utile pour la défense des investisseurs, peu d'actions civiles publiques ont été intentées.

5.2 RESPONSABILITÉ ADMINISTRATIVE

Comme pour la responsabilité civile, la responsabilité dans les procédures administratives est également basée sur la présomption de culpabilité, et l'*initié* doit prouver l'absence de culpabilité s'il le souhaite (BERTIN, 2010).

Selon Eizirik (1983, p. 52), la responsabilité administrative du *délit d'initié* "suit généralement les principes de base de la responsabilité civile, s'appliquant à la fois à ceux qui agissent à l'intérieur de la société - directeurs, actionnaires de contrôle, employés, etc. - et à ceux qui agissent à l'extérieur de la société - intermédiaires et autres agents du marché". (BERTIN, 2010).

Dans le domaine administratif, la CVM, la commission créée par la LVM, qui discipline et surveille le fonctionnement du marché des capitaux et les actions des investisseurs, des gestionnaires, des actionnaires, des sociétés, etc., a le pouvoir d'ouvrir une enquête administrative pour enquêter sur les actes illégaux et les comportements déloyaux des gestionnaires et des actionnaires des sociétés cotées, des intermédiaires et des autres acteurs du marché, comme le prévoit l'article 9, V, de la loi 6.385 de 1976, la loi sur les valeurs mobilières, ou LVM :

> Art. 9 - La Commission des valeurs mobilières, sous réserve des dispositions du § 2 de l'art. 15, peut :
> V - enquêter, par le biais de procédures administratives, sur les actes illégaux et les pratiques inéquitables des dirigeants, des membres du conseil de surveillance et des actionnaires des sociétés cotées en bourse, des intermédiaires et des autres acteurs du marché (BRASIL, 1976a).

La pratique du *délit d'initié* constitue une violation de la loi, donnant lieu à l'ouverture d'une enquête administrative et à la sanction respective de l'*initié* (CARVALHOSA, 2009). Il s'agit d'une infraction grave et l'article 11 de la loi sur le marché des valeurs mobilières donne à la CVM le pouvoir d'imposer les sanctions suivantes :

> I - l'avertissement ;
> II - fine ;
> III - suspension de la fonction d'administrateur ou de conseiller fiscal d'une société cotée en bourse, d'une entité du système de distribution ou d'autres entités qui dépendent d'une autorisation ou d'un enregistrement auprès de la CVM ;
> IV - l'interdiction temporaire, d'une durée maximale de vingt ans, d'exercer les fonctions visées au point précédent ;

V - la suspension de l'autorisation ou de l'enregistrement pour l'exercice des activités visées par la présente loi ;
VI - l'annulation de l'autorisation ou de l'enregistrement pour l'exercice des activités visées par la présente loi ;
VII - une interdiction temporaire, d'une durée maximale de vingt ans, d'exercer certaines activités ou opérations, pour les membres du système de distribution ou d'autres entités qui dépendent d'une autorisation ou d'un enregistrement auprès de la CVM ;

VIII - l'interdiction temporaire, dans la limite de dix ans, d'agir, directement ou indirectement, dans un ou plusieurs types d'opérations sur le marché des valeurs mobilières.

Toujours dans le domaine administratif, la CVM dispose depuis 2005 d'une Commission d'engagement, organe d'avis interne chargé d'analyser les propositions d'engagement présentées par les personnes mises en examen ou inculpées dans des affaires de *délits d'initiés*. Entre 2006 et 2009, la CVM a jugé 13 procédures de sanctions administratives (PAS) (BERTIN, 2010).

Un exemple pertinent de responsabilité administrative est l'enquête 14/80 de la CVM, dans laquelle un membre du conseil d'administration de Supergásbrás Indústria e Comércio S.A. a été accusé.

Dans ce cas, la société a publié un fait important concernant la cession d'actifs de la société d'une valeur d'environ 33 000 000,00 USD (trente-trois millions de dollars), alors que la valeur réelle des actifs était d'environ 8 000 000,00 USD (huit millions de dollars).

Il est apparu qu'au cours de la période précédant immédiatement l'annonce, plusieurs personnes liées à l'entreprise ont acheté des actions de Supergásbrás. La CVM a estimé que des informations avaient été divulguées à quelques personnes privilégiées, ce qui a exercé une pression sur le cours d'actions peu liquides, estimant que la fiabilité du marché des capitaux avait été mise à mal, au détriment des actionnaires minoritaires[9] .

5.3 LA CRIMINALISATION

Près de 40 ans après la création de la LVM et, par conséquent, de la réglementation administrative des *délits d'initiés, la* législation brésilienne a comblé une lacune et criminalisé cette pratique préjudiciable.

L'incrimination des infractions aux règles de fonctionnement du marché des capitaux, introduite par la loi 10.303 de 2001, n'est pas en contradiction avec notre système juridique, ni avec le droit comparé, mais est au contraire très opportune (PROENÇA, 2005).

---

[9] Disponible à l'adresse suivante : http://jus.com.br/artigos/2600/a-caracterizacao-do-uso-indevido-de-informacao-privilegiada-a-luz-da-lei-n-10-303-2001/2. Consulté le 15 octobre 2014.

En droit européen, depuis la directive 592 de 1989 de la CEE (Conseil des Communautés européennes), la plupart des pays membres ont adopté des règles pénales sur les *délits d'initiés, au nom de* l'égalité entre les investisseurs, de la confiance dans le marché, de la répartition équitable des risques et des hypothèses d'efficacité du marché des capitaux (EIZIRIK, 2008).

Dans le même ordre d'idées, les États-Unis d'Amérique, dont l'économie est la plus libérale au monde, répriment les *délits d'initiés* depuis 1934, en imposant des sanctions civiles, administratives et pénales sévères (PROENÇA, 2005).

Toutefois, ce n'est qu'en 2001 que la loi 10.303 de 2001 a été promulguée, qui a apporté la nouveauté de modifier la loi 6.385/76 - LVM, en incluant un nouveau chapitre intitulé "Crimes contre le marché des capitaux", classant trois types de conduite comme illicites : "manipulation du marché" ; "utilisation inappropriée d'informations d'initiés" et "exercice irrégulier d'une charge, d'une profession, d'une activité ou d'une fonction" (BERTIN, 2010).

Avec la nouvelle rédaction de la LVM, c'est l'article 27-D de cette loi qui incrimine la pratique du *délit d'initié :*

> Art. 27-D. Utiliser des informations pertinentes non encore divulguées au marché, dont vous avez connaissance et que vous devez garder secrètes, susceptibles de vous procurer ou de procurer à quelqu'un d'autre un avantage indu en négociant des titres pour votre propre compte ou pour le compte d'un tiers :
> Peine - emprisonnement de un (01) à cinq (05) ans, et amende pouvant atteindre trois (03) fois le montant de l'avantage illicite obtenu grâce au crime (BRASIL, 1976a).

Par conséquent, nous concluons que dans le   domaine   pénal,   la   loi   10.303/2001   a criminalisé les *délits d'initiés, de* sorte que le   Brésil punit cette   pratique. avec une   peine d'emprisonnement de 01 (un) à 05 (cinq) ans et une amende allant jusqu'à   de 01 (un) à 05 (cinq)   ans et d'une amende pouvant   aller   jusqu'à trois fois le le montant de l'avantage illicite obtenu à la suite de l'infraction.

Dans ce cas   , l'objet juridique protégé est la stabilité de l'économie de l'Union européenne.

marché des capitaux.   Plus précisémentplus   spécifiquement,   la règle   protège le principe de la transparence ou la *divulgation complète, c'est-à-dire la* diffusion large et complète de l'information en tant qu'élément essentiel de la protection des investisseurs sur le marché des capitaux (CARVALHOSA ; EIZIRIK, 2002).

Cet article constitue une "règle pénale vide", puisqu'il dépend du complément d'autres règles juridiques, dont le complément est contenu dans les dispositions de la LSA et de la LVM, ainsi que dans les règles administratives du CVM.

L'objectif est d'"utiliser" des informations d'initiés en sa propre faveur ou en faveur d'un tiers afin de négocier des titres. Pour caractériser le délit, l'information utilisée par l'*initié doit être* "pertinente", c'est-à-dire susceptible d'avoir une influence significative sur le prix des titres (CARVALHOSA ; EIZIRIK, 2002).

Il convient de noter que les transactions ne doivent pas nécessairement avoir lieu sur le marché primaire ou secondaire, et que l'infraction peut également être caractérisée par des transactions privées en dehors du marché des capitaux.

Le type subjectif comporte un élément subjectif particulier car il exige un résultat, c'est-à-dire que l'information doit être privilégiée et donner à l'agent un avantage indu lors de la négociation de titres (CARVALHOSA ; EIZIRIK, 2002).

Nous sommes donc en présence d'une intention spécifique, où l'agent doit être conscient de l'illégalité et désireux d'obtenir le résultat.

L'infraction est matérielle, donc la consommation a lieu avec le résultat, qui serait l'avantage indu obtenu par l'utilisation d'informations privilégiées. L'infraction étant matérielle, elle peut être tentée. **Dans le cas d'**un *initié, par exemple,* s'il utilise des informations privilégiées, mais n'obtient aucun avantage, pour quelque raison de marché que ce soit ; il achète des actions à une certaine valeur, en possession d'informations privilégiées, les divulgue et attend que le prix de l'action augmente, ce qui ne se produit pas, en raison d'une situation défavorable ; dans ce cas, il ne réalise aucun avantage indu, et le délit n'est pas consommé, en raison de facteurs indépendants de sa volonté (CARVALHOSA ; EIZIRIK, 2002).

Le délit d'initié, prévu à l'article 27-D, est un délit spécifique et, comme nous l'avons vu précédemment, il est commis par les personnes qui ont une obligation de secret : actionnaires de contrôle, administrateurs, membres du conseil de surveillance, ainsi que les personnes qui fournissent des services à la société et qui ont une obligation de secret, telles que les avocats, les commissaires aux comptes, etc. Dans la sphère administrative, les personnes qui ont accès à des informations privilégiées en raison de leur position peuvent être sanctionnées, de même que toute personne qui a connaissance de l'information, sachant qu'elle est privilégiée et qu'elle n'a pas encore été divulguée à la marque (art. 13, paragraphes 1 et 2, CVM) (CARVALHOSA ; EIZIRIK, 2002).

Quant à savoir qui est responsable, il s'agit avant tout de l'État, qui est intéressé par le fonctionnement régulier du marché des capitaux. Et les personnes lésées par les actions de l'*initié*, c'est-à-dire les investisseurs extérieurs.

Et la sanction pénale, comme on l'a vu plus haut, est cumulative : emprisonnement d'un à cinq ans et amende pouvant aller jusqu'à trois fois le montant de l'avantage économique de l'agent. En cas de récidive, l'amende peut atteindre le triple de ce montant.

Bien qu'un certain nombre d'actions en justice aient déjà été intentées en vue d'établir la responsabilité pour *délit d'initié*, il n'y a eu *au* Brésil qu'une seule condamnation *concrète,* concernant l'offre publique d'achat des actions de Perdigao S.A. par Sadia S.A.

Les anciens administrateurs ont été condamnés à une peine d'emprisonnement de plus de deux (2) ans chacun, ainsi qu'à une amende pour préjudice moral collectif d'un montant supérieur à cinq cent mille reais (R$500 000.00), en plus de la restitution du montant obtenu, étant entendu que toute action collective peut être intentée devant le tribunal civil. [10]

Récemment, le ministère public fédéral a porté plainte contre l'homme d'affaires Eike Batista, fondateur du groupe EBX, pour abus d'information et manipulation de marché (articles 27-D et 27-C, respectivement, de la loi 6.385/76).[11]

Selon le ministère public, la manipulation du marché a eu lieu au moyen d'une clause de *vente* simulée (qui donne à une partie le droit de vendre un actif dans certaines circonstances), avec une divulgation mensongère d'informations au public.

La clause de *vente est* généralement considérée comme une sorte d'assurance par l'investisseur, de sorte que dans le cas d'Eike, l'homme d'affaires pourrait être obligé d'investir jusqu'à 1 milliard de dollars dans son entreprise.

Cependant, selon les enquêtes, la conclusion de l'*option de vente dans ce cas* aurait été frauduleuse, car Eike aurait été au courant d'un changement futur dans le plan d'affaires d'OGX, et ce changement dans le plan d'affaires aurait signifié que l'homme d'affaires aurait été exempté de faire la contribution annoncée. L'"'assurance" de l'*option de vente* n'aurait donc pas existé et les investisseurs auraient été trompés.

Quant à l'utilisation abusive d'informations privilégiées (*délit d'initié)*, elle se serait produite à deux occasions : lorsque Eike a vendu, par l'intermédiaire d'un fonds qu'il possédait, environ 200 millions de reais d'actions OGX à un moment où les informations publiques étaient favorables, tout en sachant que l'entreprise n'était pas viable, et plus tard, par l'intermédiaire du même fonds, il a vendu plus de 100 millions de reais d'actions OGX, après que la non-viabilité de l'entreprise a été rendue publique, alors qu'il s'était engagé à investir jusqu'à 1 milliard de dollars dans l'entreprise.

---

[10] L'intégralité du jugement est disponible à l'adresse suivante : http://www.prsp.mpf.gov.br/sala-de-imprensa/pdfs-das-noticias/Sentenca Insider.pdf/. Arrêt disponible à l'adresse suivante :   http://s.conjur.com.br/dl/voto-insider-trading.pdf. Consulté le : 15 octobre 2014.

[11] Disponible à l'adresse : http://franciscohayashi.jusbrasil.com.br/artigos/139286423/o-caso-eike-batista-de- crimes-against-the-capital-market. Consulté le : 15 octobre 2014.

CONCLUSION

Au Brésil, il existe deux types de sociétés : la société simple et la société entrepreneuriale. La société simple explore les activités économiques sans entreprise, c'est-à-dire les professions intellectuelles, littéraires, artistiques ou scientifiques. La société entrepreneuriale, quant à elle, est la mise en commun des efforts de deux agents ou plus qui ont l'intention de développer professionnellement une activité économique organisée pour la production ou la circulation de biens ou de services, dans le but de réaliser des bénéfices.

Il existe cinq types de sociétés dans le système juridique brésilien, et la Sociedade Anónima est le type étudié dans le cadre de ce travail.

Ses propriétaires sont les associés, également appelés actionnaires, qui assument l'obligation de payer le prix d'émission lors de la création ou de l'augmentation du capital, et leur responsabilité est limitée à ce montant, l'associé n'étant pas responsable (subsidiairement ou solidairement) des obligations de la société. Les sociétés anonymes sont divisées et classées en deux catégories : les sociétés privées et les sociétés publiques.

Le fonctionnement d'une société anonyme nécessite une grande organisation. C'est pourquoi la loi oblige les sociétés cotées en bourse, les sociétés à capital autorisé et les sociétés à capital mixte à se doter d'un conseil d'administration. En règle générale, ce conseil peut se prononcer sur toutes les questions intéressant la société, à l'exception de celles qui relèvent de la compétence de l'assemblée générale.

Le conseil d'administration est un organe exécutif indispensable à toutes les sociétés anonymes. Il sera composé de deux ou plusieurs administrateurs (personnes physiques, résidant dans le pays, actionnaires ou non), élus et révoqués à tout moment par le conseil d'administration ou, à défaut, par l'assemblée générale, et les statuts doivent établir : (I) le nombre d'administrateurs, ou le maximum et le minimum autorisés ; (II) le mode de remplacement ; (III) la durée du mandat, qui ne peut excéder trois ans, la réélection étant autorisée ; (IV) les devoirs et les pouvoirs de chaque administrateur (art. 143, LSA).

Sur le plan interne, le conseil d'administration a pour mission de gérer la société. Sur le plan externe, d'exprimer la volonté de la personne morale en harmonie avec son objet social, dans l'ensemble de ses actes.

La notion d'"administrateurs" recouvre les membres de deux organes de la société : le conseil exécutif et le conseil d'administration.

Les principaux devoirs imposés par la loi aux administrateurs de sociétés sont ceux de diligence, d'accomplissement de l'objet social, de loyauté, de secret et d'information, énumérés à l'article 153 de la LSA.

L'obligation de secret vise à protéger la société contre l'utilisation abusive des informations obtenues par les administrateurs du fait de leur fonction. Elle peut être générique, caractérisée par l'obligation de l'administrateur de maintenir la confidentialité sur les affaires de la société, ou spécifique, applicable uniquement à l'administrateur d'une société publique, exprimée dans les règles sur la répression des *délits d'initiés, qui font* l'objet de la présente étude.

Tout aussi important pour le sujet étudié, le devoir d'information des administrateurs de S.A. les oblige à divulguer tous les faits pertinents sur la situation de la société, garantissant ainsi la symétrie de l'information et l'équilibre des positions des agents du marché.

Les initiés, en termes purement doctrinaux, sont toutes les personnes qui, en relation avec une entreprise particulière, en vertu de leur position à l'intérieur ou à l'extérieur de l'entreprise, détiennent des informations privilégiées et non divulguées sur les activités et la situation de l'entreprise.

Cette pratique, le *délit d'initié,* consiste pour les *initiés* (administrateurs, actionnaires importants et autres personnes ayant accès à ces informations) à tirer profit d'informations privilégiées, confidentielles, réservées et non publiées sur la marche et les affaires d'une certaine société (société anonyme) pour leur propre bénéfice et enrichissement ou celui d'un tiers.

Pour contrôler et combattre les *délits d'initiés, il* existe : 1) des règles préventives, des concepts éthiques et économiques et les devoirs des dirigeants ; et 2) la punition des contrevenants par des sanctions de responsabilité civile, ainsi que des sanctions pénales et administratives.

En ce qui concerne les règles préventives, afin de réduire et d'enrayer les comportements abusifs des initiés, des concepts éthiques ont été élaborés sur la base du principe de transparence ou de *divulgation complète, afin d*'assurer la visibilité nécessaire des opérations sur les marchés financiers et de sensibiliser les administrateurs à leurs devoirs de diligence, de loyauté et d'information.

En ce qui concerne le *délit d'initié* et sa "lutte", la responsabilité civile incombe à ceux qui ont une obligation de secret ou d'information du marché de manière isonome, linéaire et structurée.

La responsabilité civile des *initiés est* subjective par nature, c'est-à-dire qu'elle requiert la culpabilité, l'intention, l'intention de frauder le marché, d'utiliser des informations privilégiées pour réaliser un profit pour eux-mêmes ou en faveur de tiers.

La pratique du *délit d'initié* constitue une infraction à la loi, donnant lieu à l'ouverture d'une enquête administrative et à la sanction respective de l'*initié*. Il s'agit d'une infraction grave et la LVM elle-même, dans son article 11, confère à la CVM le pouvoir d'imposer des sanctions (avertissement, amende, suspension, déchéance, interdiction temporaire, etc.)

Dans le domaine pénal, ce n'est qu'en 2001 qu'a été promulguée la loi 10.303 de 2001, qui a apporté la nouveauté de modifier la loi 6.385/76, LVM, en incluant un nouveau chapitre intitulé "Crimes contre le marché des capitaux", classant trois comportements comme illégaux :

"manipulation du marché", "utilisation inappropriée d'informations d'initiés" et "exercice irrégulier d'une charge, d'une profession, d'une activité ou d'une fonction". À ce titre, le Brésil punit cette pratique d'une peine d'emprisonnement comprise entre un (1) et cinq (5) ans et d'une amende pouvant aller jusqu'à trois fois le montant de l'avantage illicite obtenu à la suite de l'infraction.

On peut donc conclure que les actions des *initiés* qui utilisent des informations privilégiées sont extrêmement préjudiciables au marché des capitaux, mais les *délits d'initiés,* récemment, avec l'expansion et la maturation du marché des capitaux au Brésil, ont été sanctionnés civilement, pénalement et administrativement.

RÉFÉRENCES

ADAMEK, Marcelo Vieira Von. **Responsabilité civile des administrateurs de S/A et actions connexes**. São Paulo : Saraiva, 2009.

BERTIN, Dirceu, **Délits d'initiés, contrôle de l'utilisation abusive d'informations d'initiés sur le marché des capitaux**. 2010. Mémoire (Master en droit politique et économique) - Université presbytérienne Mackenzie, Sao Paulo, 2010.

BERTOLDI, Marcelo M. ; RIBEIRO ; Márcia C. P. **Curso avangado de direito comercial** : teoria geral do direito comercial, direito societário, títulos de crédito, falência e recuperagao empresarial, contratos mercantis. 4. ed. Sao Paulo : Revista dos Tribunais, 2008.

Instruction CVM n° 358 du 3 janvier 2002. Prévoit la divulgation et l'utilisation d'informations sur des actes ou des faits importants concernant des sociétés cotées en bourse... 2002a. Disponible à l'adresse : <http://www.cnb.org.br/CNBV/instrucoes/ins358- 2002.htm>. Consulté le : 14 octobre 2014.

BRÉSIL. **Loi n. 6.385, du 7 décembre 1976a**. Prévoit le marché des valeurs mobilières et crée la Commission des valeurs mobilières et de l'échange. Disponible à l'adresse : <http://www.planalto.gov.br/ccivil_03/leis/l6385.htm>. Consulté le : 14 octobre 2014,

BRÉSIL - **Loi n. 6.404, du 15 décembre 1976b**. Prévoit la création de sociétés par actions. Disponible à l'adresse : <http://www.planalto.gov.br/ccivil_03/leis/l6404consol.htm>. Consulté le : 14 octobre 2014.

BRÉSIL - **Loi n° 7.492 du 16 juin 1986**. Définit les crimes contre le système financier national et prévoit d'autres dispositions. Disponible à l'adresse : <http://www.planalto.gov.br/ccivil_03/Leis/l7492.htm>. Consulté le : 14 octobre 2014.

Loi n° 10.303 du 31 octobre 2001. Modifie et ajoute des dispositions à la loi n° 6.404, du 15 décembre 1976, qui traite des sociétés, et à la loi n° 6.385, du 7 décembre 1976, qui traite du marché des valeurs mobilières et crée la Commission des valeurs mobilières et des changes. Disponible à l'adresse : <http://www.cvm.gov.br/port/atos/leis/lei10303.asp>. Consulté le : 14 octobre 2014.

BRESIL **Loi n° 7.913 du 7 décembre 1989**. Prévoit une action civile publique en responsabilité pour les dommages causés aux investisseurs sur le marché des valeurs mobilières. Disponible à l'adresse : <http://www.planalto.gov.br/ccivil_03/leis/L7913.htm>. Consulté le : 14 octobre 2014.

Loi n. 10.406, du 10 janvier 2002. Établit le code civil. 2002b. Disponible à l'adresse : <http://www.planalto.gov.br/ccivil_03/leis/2002/l10406.htm>. Consulté le : 14 octobre 2014.

BULGARELI, Waldírio. Notes sur la responsabilité des administrateurs de sociétés. **Revista de Direito Mercantil, Industrial, Económico e Financeiro,** Sao Paulo, v. 50, p. 96, 1983.

CARVALHOSA, Modesto. **Comentários a Lei de sociedades anónimas**. Sao Paulo : Saraiva, 2009. v. 3.

COELHO, Fábio Ulhoa. **Cours de droit commercial** : droit des sociétés. São Paulo : Saraiva, 2008.

_____. **Manuel de droit commercial** : droit des sociétés. 23. ed. Sao Paulo : Saraiva, 2013. 3 v.

CAMPOS, Luiz Antonio de Sampaio. Fonctions et responsabilités. In : LAMY FILHO ; Alfredo ; PEDREIRA, José Luiz Bulhöes. **Droit des sociétés**. Rio de Janeiro : Forense, 2009. v. 1.

COELHO, Fabio Ulhoa. **Cours de droit commercial**. 15. ed. Sao Paulo : Saraiva, 2011. v. 2.

EIZIRIK, Nelson et al. **Legal capital markets**. 2. ed. Sao Paulo : Renovar, 2008.

EIZIRIK, Nelson. Les **marchés de capitaux et le système juridique**. Rio de Janeiro : Renovar, 2008.

ESTRELLA, Hernani. **Apuragao dos haveres dos sócios**. 5. ed. Rio de Janeiro : Forense, 2010.

FAZZIO JÚNIOR, Waldo. **Manuel de droit commercial**. 9ème édition, Sao Paulo : Atlas, 2008.

GONQALVES NETO, Alfredo de Assis. **Droit des sociétés**. Sao Paulo : Revista dos Tribunais, 2010a.

_____. **Manual das companhias ou sociedades anónimas**. 2. ed. Sao Paulo : Revista dos Tribunais, 2010b.

LAMY FILHO ; Alfredo ; PEDREIRA, José Luiz Bulhöes. **Droit des sociétés**. Rio de Janeiro : Forense, 2009. v. 1.

LEÄO JUNIOR, Luciano de Souza. Conseil d'administration et gestion. In : LAMY FILHO ; Alfredo ; PEDREIRA, José Luiz Bulhöes. **Droit des sociétés**. Rio de Janeiro : Forense, 2009.v. 1. p. ini-fin. du chapitre

MAMEDE, Gladston. **Droit brésilien des affaires** : société et action de la société. 6ème éd. Sao Paulo : Atlas, 2012. v. 1.

MARTINS, Eliane M. Octaviano ; ARNOLDI, Paulo Roberto Colombo. **Gestion et conseil d'administration des sociétés anonymes (LOI 6.404/76)**. Disponible à l'adresse : <http://sisnet. aduaneiras.com.br/lex/doutrinas/arquivos/diretoria.pdf>. Consulté le : 23 février 2014.

OLIVEIRA, Giovanna Bakaj Rezende. **Délits d'initiés** : questions pertinentes. 2012. Disponible à l'adresse suivante : <http://www.congressodireitocomercial.com.br/2012/relatorios/ 1_TEMAS_DE_DIREITO_SOCIETARIO.pdf#page=201>. Consulté le : 27 septembre 2013.

PAES, Paulo Roberto Tavares. **Manual das sociedades anónimas**. 2. ed. Säo Paulo : Revista dos Tribunais, 2006.

PARENTE, Norma Jonssen. **Aspects juridiques du délit d'initié**. 1978. Disponible à l'adresse : <http://www.cvm.gov.br/port/public/publ/Publ_600.asp>. Consulté le : 25 septembre 2013.

PROENQA, José Marcelo Martins. **Délits d'initiés** : le régime juridique des **délits d'**initiés sur les marchés des capitaux. São Paulo : Quartier Latin, 2005.

REQUIÄO, Rubens. **Cours de droit commercial**. 21. ed. São Paulo : Saraiva, 1998. v. 1.

_____. **Cours de droit commercial**. São Paulo : Saraiva. 2008. v. 1,2.

RIZZARDO, Arnaldo. **Droit des sociétés**. Loi n° 10.406 du 10.01.2002. Rio de Janeiro : Forense, 2007.

_____. **Droit des sociétés**. Rio de Janeiro : Forense. 2007.

SOCIEDADE empresária. Disponible à l'adresse : <http://academico.direito-rio.fgv.br/wiki/Sociedade_empres%C3%A1ria>. Consulté le : 07 janvier 2014.

TEIXEIRA, Tarcisio. **Le droit des affaires systématisé.** São Paulo : Saraiva, 2011.

VERQOSA, Haroldo Malheiros Duclerc. **Cours de droit commercial**. São Paulo : Malheiros, 2004. v 1, 2.

Printed by Books on Demand GmbH, Norderstedt / Germany